Condamnée à perpétuité

Collection
dirigée par Gilles Bouley-Franchitti

www.michalon.fr
www.franceculture.com

Martine Sauvadet-El Shennawy

Condamnée à perpétuité

Témoignage

ÉDITIONS MICHALON

14, rue Monsieur-le-Prince – 75 006 Paris
ISBN : 978- 2-84186-427-0

À mes enfants et à ma petite fille.

Préface

Philippe El Shennawy n'est pas homme à se raconter ou à se mettre en scène.

Sa vie est pourtant une véritable odyssée.

Une odyssée au cœur de l'enfer carcéral.

Cet homme a tout vécu en prison. Tout vécu de la prison. Pas un instant de sa vie, durant ces trente-trois dernières années, il n'a échappé au sort infra-humain de personne détenue. Trente-trois années passées dans la peau de l'homme à briser, à mater. Symbole malgré lui de la condition de « longue peine » dans les prisons françaises, il a tout connu : les changements répétés de prison, ledit « tourisme carcéral », les longues années passées dans les quartiers d'isolement, les séjours multiples dans les sinistres mitards, les effets délétères d'une réputation liée au statut de Détenu particulièrement signalé (DPS), les violences des émeutes, les procès à répétition, l'ivresse de l'évasion et jusqu'au quotidien morbide de celui qui finit – momentanément – par décrocher, par passer de l'autre côté du miroir de la raison. Il n'y a bien que le suicide, cette réalité bien trop répandue dans les prisons françaises, qu'il n'ait pas eu à connaître. Cet homme n'a connu que les coups. Cet homme n'a pas été épargné par ce que les institutions peuvent générer de plus abominable, de plus injuste.

Il est pourtant toujours là, debout, témoin d'une existence faite de luttes, d'acharnement à résister, à imposer sa force de vie face à la machine à broyer carcérale.

Quoique l'on puisse penser de la trajectoire de Philippe, cet homme au destin pavé de condamnations trouvant probablement à sa genèse une immense erreur de jugement de l'institution judiciaire, cet homme n'a jamais traversé le Rubicon, jamais commis l'irréparable. Mais le fait est là, implacable, irréversible : Philippe a passé plus de trente années derrière les barreaux. Les années de la maturité, les plus belles années d'une vie d'homme, à tourner dans le 9 mètres carrés cellulaire, tel un homme rendu fauve, au nom de la Loi, en notre nom.

Philippe El Shennawy n'est pas homme à se raconter, mais Martine, sa femme, nous parle, témoigne de cet enfer dans lequel, par amour, elle accompagne l'homme qu'elle aime.

Philippe et Martine, un homme, une femme, unis par l'amour et par cette incroyable énergie qui les aident à traverser les années, les décennies de violences institutionnelles subies.

Martine est l'incarnation extrême de la femme aimante. Femme sacrifice, femme sacrifiée. Donnant et se donnant. Une vie vouée à l'homme qu'elle aime et que rien ni personne ne parviendra à dissuader d'aller de l'avant dans ce don de soi, dans cette vie exemplaire. Exemplaire, car de ces vies qui interpellent, nous interrogent et imposent le respect. Martine n'a pas l'essence d'une héroïne, n'est pas faite du bois de ces personnages que l'Histoire retient. Pas plus les années passées à sillonner les routes de France pour rencontrer durant de courts instants son être aimé dans des parloirs sordides que les attitudes infâmes de fonctionnaires méprisants n'ont eu raison de sa détermination.

Martine est « femme de taulard ». De celles que l'on montre du doigt, ou de celles dont on détourne le regard, qui nourrissent les conversations des « bien-pensants ». « Femme de taulard », une espèce de « dégât collatéral » version taule. Sans cesse jugée pour aimer un homme incarcéré. Maltraitée pour être fidèle à la personne détenue aimée. Elles ne récoltent que mépris alors que nous devrions ériger des monuments en l'honneur de ces femmes de parloir, femmes dont la vie ne s'articule plus qu'autour de la personne absente et pourtant si présente dans un quotidien marqué du sceau de l'épreuve. Femme de l'absence pesante, harassante, si coûteuse. Femme du pari sur l'avenir, avenir aléatoire…

Cet ouvrage nous amène dans les recoins les plus sombres et honteux de notre République. Il nous entraîne dans un récit que nos bonnes consciences ne voudraient jamais avoir eu à lire, car l'horreur décrite n'est pas dans un ailleurs lointain ou dans des temps jadis. Mais bien ici et maintenant. En France, patrie des droits de l'homme.

Plus de trente années passées derrière les hauts murs des prisons. Trente années d'acharnement judiciaire et carcéral. Le témoignage de Martine nous plonge dans un abîme de non-sens ou de perte de sens. Quel sens en effet donner à un tel traitement ?

La prison républicaine, dont une des missions affichées, légales, est l'aide à la réinsertion, s'autoriserait-elle la monstrueuse posture de faire disparaître du groupe social, *ad vitam æternam*, des personnes humaines ? Que penser du maintien hors de la vraie vie, des décennies durant, de personnes que l'on désocialise et que l'on finit même par dévitaliser ? N'y a-t-il pas, derrière pareille réalité appliquée à Philippe El Shennawy et à quelques centaines de ses frères de bannissement perpétuel, une volonté d'appliquer une forme de peine de mort lente, un substitut à la peine de mort abolie en mai 1981 dans notre pays ? La vie de Philippe El Shennawy et celle de Martine se posent là comme l'incarnation de ces questionnements dont la seule évocation devrait nous submerger de dégoût et d'horreur. Et pourtant...

La lecture de cet ouvrage se veut une invitation à réfléchir sur la prison, ce lieu générateur de tant de haine, de tant d'injustice et d'humiliation. Car, au-delà de la vie de Martine et Philippe, au-delà de ces plus de trois décennies de « vie commune » hors du commun, se pose entre les lignes, comme une main tendue entre deux rangées de barreaux, la question du pourquoi de ce que l'on n'ose appeler « barbarie ». Car la prison est bien une forme de barbarie. La barbarie, cette réalité qui tourne le dos à la civilisation.

Alors que s'ouvre à nous un nouveau siècle, un nouveau millénaire, n'est-il pas grandement temps de nous poser la question du dépassement de la prison ? Le temps n'est-il pas venu, au nom d'un progrès de civilisation à accomplir, d'un pas qualitatif important à franchir au nom de nos valeurs communes, de s'atteler à déconstruire l'idée que la prison est un mal nécessaire ? Le siècle dernier a vu l'abolition de la peine de mort, le siècle précédent, celui de la torture comme forme de sanction. Le XXIe siècle ne pourrait-il pas être le siècle de la fin de la prison ?

La vie de Martine et de Philippe, racontée ici de façon totalement dénuée de haine est, de fait, un véritable réquisitoire contre la prison. Pas d'idéologie, pas de construction intellectuelle fumeuse. La force du témoignage suffit à faire de cet ouvrage un pavé de plus lancé contre l'indignité carcérale, contre cette réalité que nous continuons à maintenir au cœur de nos cités, ou que nous cachons au fond de nos campagnes.

Tout lecteur doté du « minimum syndical » d'humanité et de vision citoyenne des choses ne peut reposer cet ouvrage, une fois sa lecture terminée, sans souhaiter à Philippe et Martine de vivre au plus vite libres et heureux. Pareil vœu auquel je m'associe ne pourra devenir réalité sans que l'institution qui, depuis plus de trente ans, s'acharne sur Philippe El Shennawy et Martine fasse enfin preuve du geste qui s'impose. Celui de la main tendue. Au nom de la Justice. Au nom des valeurs du pacte social et du simple principe d'Humanité.

Gabriel Mouesca
Président de l'Observatoire international
des prisons (OIP-Section française),
juillet 2007.

Introduction

Fresnes, allée des Thuyas, un pluvieux après-midi de printemps.

La porte de la maison d'arrêt vient de se refermer derrière moi.

Je me retrouve dans la rue. Seule. En pleurs. Avec une envie : battre la terre entière.

C'est d'ailleurs pour cela que je viens toujours seule pour ces parloirs. Je me débrouille avec le métro, les trains, les avions... Seule.

Dans ces moments-là, je ne supporte rien. Surtout pas de présence. Aucune envie de parler, de raconter, et encore moins de répondre à des questions devenues tellement idiotes avec le temps : « Alors ? Tu l'as vu ? Comment va-t-il ? »

Chaque fois, c'est la même chose lorsque je viens de quitter Philippe après notre demi-heure de « vie de couple » généreusement allouée par l'administration pénitentiaire. Dès que je m'en vais, que je retourne de l'autre côté du mur, du côté des hommes libres, ce monde si loin du sien, j'ai l'impression qu'on m'arrache un bras. Je sais, c'est idiot, mais c'est ainsi. Les surveillants qui me connaissent et, sans me vanter, ils sont quelques-uns en France aujourd'hui, savent que je suis ravagée, sentent que j'ai besoin d'un sas de silence. J'ai l'impression qu'ils se poussent pour me laisser passer. L'*impression* ? Les bons sentiments n'ont vraiment pas leur place dans leur univers cloisonné.

En général, il me faut une bonne heure pour me calmer, pour me récupérer. Une heure à ruminer, à ressasser cette vie commune « condamnée à perpète !». La sienne, la mienne, la nôtre. Puis, je me ressaisis, à chaque fois, parce que je n'ai pas le droit d'abandonner, de tout gâcher. Mes pensées sombres s'envolent, je pense à lui, à son visage, à sa beauté, à son esprit, je pense à nous, à nos enfants, à notre drôle de famille.

Et alors, que je sois chez moi, dans mon appartement de la banlieue parisienne ou dans la chambre forcément triste d'un hôtel sans grâce d'une préfecture de province, depuis presque trente ans, je m'assois devant une feuille blanche, je respire et je lui écris. Je pense n'avoir jamais manqué ce rituel, indispensable, vital. Une longue lettre à l'image de celle que je lui ai envoyée hier et de celle que je lui écrirai demain. Des mots d'amour constamment renouvelés.

Philippe, dans sa cellule, fait exactement la même chose. Depuis le 14 février 1979. Constamment séparés mais sans cesse unis par la pensée, le cœur et les mots, ces lettres nous permettent aussi de patienter fébrilement jusqu'à la prochaine visite, dans deux ou trois jours.

Je connais presque toutes les prisons de notre beau pays. Démarré il y a trois décennies, mon tour de France de la détention m'a menée des Baumettes à la Santé, de Tulle à Clairvaux, de Gradignan à Bois-d'Arcy, de Mende à Saint-Maur, en passant par Douai, Fleury-Mérogis, Bapaume, Luynes, Lisieux, Bourgoin-Jallieu...

Mon mari, Philippe, a été condamné en janvier 1977 à la réclusion criminelle à perpétuité. Il n'avait ni tué ni violé. Je ne l'aurais pas supporté. Il avait volé. Un hold-up exceptionnel. L'un des premiers braquages avec prise d'otages de l'histoire bancaire. Sans effusion de sang. Une affaire qualifiée d'« exemplaire » par la justice et les médias. Cela n'a pas forcément aidé Philippe. Il a pris perpète ! À ce tarif-là, s'il y avait eu un blessé, c'était la guillotine assurée. Et un tué, la tête coupée deux fois ? À cette époque, la peine de mort existait encore…

S'il fallait établir un palmarès du nombre d'années passées derrière les barreaux, Philippe ne serait pas loin du record. Aujourd'hui, il a déjà fait *trente* ans ! Ni viol ni homicide, je le répète ! Trois décennies passées pour la plus grande partie à l'isolement parce qu'il a tout de suite été rangé dans la case DPS, Détenu particulièrement signalé, un statut qui lui colle à la peau et lui vaut d'être régulièrement balluchonné, c'est-à-dire déplacé de maison d'arrêt en prison centrale, dans une ronde infernale qui obéit au seul bon vouloir de l'administration. Une peine de mort lente pour lui et pour ceux qui l'aiment.

C'est vrai que Philippe est un caïd, un voyou à l'ancienne, un voleur… Pour la justice en tout cas. Car, lui, il s'est toujours défendu d'avoir été présent sur les lieux du braquage. Mais il connaissait bien l'un des protagonistes et comme ils étaient deux à l'intérieur de la banque, les juges ont considéré que c'était lui son complice. Philippe a donc porté le chapeau pour un autre, malgré un solide alibi… pas recevable, soi-disant.

Bien sûr, vous me direz : « Mais, s'il était vraiment innocent, il aurait pu "s'allonger", dénoncer l'autre, le vrai coupable. » Combien de fois d'ailleurs des magistrats et des policiers ne le lui ont-ils pas suggéré : « Monsieur El Shennawy, vous vous plaignez de vos conditions de détention et vous vous battez contre. Mais qui en est le responsable ? Vous ne pouvez vous en prendre qu'à vous-même. Vous nous dites tout de suite le nom de celui qui était avenue de Breteuil et c'est l'élément qui permettra de faire rouvrir le dossier et réviser le procès. » La réponse, vous la connaissez déjà, non ? Question d'honneur !

Et pourtant, franchement, il aurait eu de bonnes raisons de se mettre à table ! L'autre, avec tous ces millions, il avait de quoi mener la belle vie ! Il aurait peut-être pu penser aux deux garçons qui brûlaient leur vie au fond du trou et leur faire parvenir un mandat de temps en temps. Pour les remercier de leur silence, les soutenir un peu. Dans le monde des voyous, ce ne sont pas les combines qui manquent pour améliorer le quotidien d'un camarade privé de liberté. Naturellement, il faut le vouloir. Là, en revanche, rien ! Pas un centime !

Je suis allée voir plusieurs fois la mère de Taleb, l'homme avec lequel Philippe a « plongé ». Elle crevait de faim, vivait dans la misère et son fils, Taleb, s'est suicidé le 26 février 1980 au Quartier de haute sécurité (QHS) de Clairvaux. Parce qu'il n'en pouvait plus, qu'il ne pouvait pas imaginer passer sa vie en cage. Avant de se pendre, il a laissé une lettre qui innocentait mon mari. Mon mari qui est toujours à l'intérieur. Détenu et bouche cousue !

J'ai épousé un détenu professionnel, un homme intelligent, courtois, soigné, mais un voyou. Cet homme, je l'ai aimé dès notre première rencontre et je continue à l'aimer comme au premier jour. Il a toujours été l'homme de ma vie. Une vie que j'ai délibérément choisie : lorsque j'ai épousé Philippe, il était déjà en prison.

Notre vie de couple n'est pas banale : parloirs, liberté conditionnelle, arrestation, parloirs, procès, parloirs, cavale, arrestation, parloirs, procès, parloirs, cavale, arrestation, procès, parloirs, parloirs, parloirs... Un étrange rythme. Parfois, je me dis que c'est ce qui fait son piquant. En trente ans, en tout et pour tout, nous avons vécu ensemble, à l'air libre, seulement trente-trois mois. Et encore, en pointillés si l'on tient compte des mois de planque pendant lesquels je n'ai pas pu voir Philippe. Nos autres années de couple, celles qui se sont écoulées depuis notre mariage en 1988 et celles qui ont précédé, je peux les résumer à une addition de demi-heures, parfois un peu plus, dans des parloirs.

Je ne me plains pas. En choisissant Philippe, je savais ce que je faisais. Je savais que j'épousais une vie en marge... Il y a quelque temps, le président d'une cour d'assises s'étonnait qu'après tant d'années je sois toujours à ses côtés, que je n'aie pas, comme la quasi-totalité des autres « femmes de taulards », ceux qui sont condamnés à de longues peines en particulier, repris ma liberté. Il m'a même demandé comment je voyais mon avenir. Je n'ai pas eu besoin de réfléchir, ma réponse a jailli, directe, comme un uppercut du cœur : « Avec mon mari ! » Et lui, dans le box, s'est levé et a lancé pour toute la salle : « Elle est tout pour moi. Quand je me suis évadé, c'était pour la rejoindre. Elle me donne la force de vivre. »

Imaginer un lendemain sans lui ? Ce n'est pas envisageable. Même une seule seconde.

L'amour, ça permet tout. Y compris de se condamner soi-même à perpète. Mais si j'ai choisi d'être cette « détenue volontaire », c'est parce que je sens que mon âme ne pourra réellement être libre tant qu'il sera enfermé. La vie nous lie parfois à des êtres pour le meilleur. Et pour le pire. Alors je ne regrette rien. Je vis, je survis, je me bats et, dans ces quelques pages, j'ai pour la première fois voulu nous raconter.

Parce que l'amour, parfois, nous condamne à vie et parce que la prison, aujourd'hui en France, pays des droits l'homme, c'est tout sauf la vie…

Trente ans d'amour
par-delà les barreaux

I

Rien, absolument rien, ne me prédestinait à être une épouse de parloirs. Ma jeunesse, je l'ai passée un peu à Paris, puis dans un coquet pavillon de proche banlieue, à Valenton-le-Pont. Mon père, Italien, ingénieur et plutôt strict en matière d'éducation, rêvait que je devienne institutrice. Ma mère, regrettant probablement d'avoir quitté son Aveyron natal, imaginait que je reprendrais un jour le bougnat de ses parents. Dans leur sillage de petit-bourgeois agréablement installés, j'étais programmée pour mener, moi aussi, une vie bien rangée et tranquille, auprès d'un bon mari qui m'aurait fait de beaux et gentils enfants. Mais un petit grain de sable malicieux est venu détraquer cette mécanique trop huilée, chamboulant pour toujours le cours de mon existence. En fait, rien d'extraordinaire, à peine une révolte adolescente, seulement l'envie de m'affirmer un peu face à mes géniteurs. Une banale histoire d'orientation professionnelle à 14 ans qui va avoir, mais je ne pouvais évidemment pas le prévoir, des conséquences ahurissantes. En effet, ma vie d'aujourd'hui et l'homme qui l'occupe auraient à coup sûr étaient bien différents si, il y a quarante ans, je n'avais pas choisi de devenir coiffeuse. Contre l'avis de mes parents. Pourquoi coiffeuse ? Parce que j'étais profondément marquée par ma grand-mère maternelle, une femme d'une élégance incroyable, qui me traitait comme une princesse, insistant sans cesse sur l'importance qu'il y avait dans l'existence à être bien habillée, parfumée, coquette, bien coiffée... Des qualités esthétiques qui lui semblaient indispensables pour réussir et que ma mère considérait, elle, comme parfaitement inutiles pour une jeune fille. Or, le seul moyen pour travailler et devenir rapidement indépendante dans le secteur de la beauté à la fin des années soixante, lorsqu'on n'était pas issu d'une lignée de fabricants de cosmétiques, c'était la coiffure. Un secteur en plein boom. Après plusieurs conversations parfois houleuses, mes parents ont fini par céder. Ils ont accepté que je m'inscrive à l'école de coiffure du quai de Jemmapes, à Paris, au bord du canal Saint-Martin. Nous sommes en 1968 et l'adolescente de Valenton-le-Pont que je suis va commencer à goûter modestement à la liberté. La bride parentale se desserre un peu. Et cela me suffit amplement. Je vais deux jours par semaine en cours, les lundis et jeudis, et le reste de la semaine, je suis en apprentissage dans un salon. Je l'ai dit, malgré ma petite révolte, je demeure une fille sage, pas franchement une féministe révolutionnaire prête à jouer les pétroleuses contre la société, la famille, l'ordre. D'ailleurs, en mai, lors des événements qui agitèrent des dizaines de milliers d'autres adolescents, moi, j'étais plutôt du côté des « gens du marais », de ceux qui observaient en priant pour leur tranquillité. Pendant les troubles, j'ai même passé une nuit à veiller dans le salon qui m'embauchait parce que des excités avaient eu la bonne idée de descendre la vitrine à coup de barre à mine et que nous voulions empêcher les pillages. Opposée aux casseurs, révoltés et autres intellos voyou, pas vraiment une rebelle...

À cette époque, ma vie sentimentale ressemblait évidemment à un immense désert. De toute façon, c'est bien simple : les garçons, je n'avais pas le droit de les regarder ! Alors, fleureter ! Mes loisirs étaient eux aussi plutôt limités : un peu de sport, quelques lectures et, exceptionnellement, le cinéma...

Il n'y avait pas de cantine dans notre école de coiffure. Du coup, nous déjeunions à quelques-unes dans une brasserie. Nos repas se résumaient alors à un croque-monsieur ou un hot-dog, accompagné d'eau de Paris. Ce premier jeudi du mois d'octobre 1969, en entrant dans notre bistrot favori, je remarque immédiatement un très beau garçon accoudé au comptoir, en train de siroter un café. Il est assez grand, très mince et porte un costume beige clair. Bronzé, brun, les yeux sombres, il dégage un charme fou. J'ai le regard comme aimanté. C'est la première fois de mon existence que je ressens un tel émoi. Le coup de foudre !

Pendant le quart d'heure qui suit, je ne pourrai m'empêcher de lui lancer des coups d'œil que je chercherai à rendre les plus discrets possibles, tout en espérant qu'il croisera mon regard. L'inconnu n'a rien de commun avec les autres clients, beaucoup d'habitués, des ouvriers en bleu la plupart du temps... Il ne ressemble pas non plus aux quelques minets qui sont en classe avec nous. D'ailleurs, s'il était à Jemmapes, je l'aurais forcément déjà croisé. Après avoir avalé son café, il disparaît. Intriguée, fascinée et sous le charme, je vais passer les journées qui suivent à rêvasser en pensant à lui et... à multiplier mes passages dans la brasserie, à l'heure du déjeuner et même en sortant des cours, dans l'espoir de le revoir. Un jeu usant, frustrant, qui va durer trois semaines avant que, enfin, il réapparaisse de la manière la plus mystérieuse qui soit.

C'était encore un jeudi, juste après le déjeuner. Je m'apprêtais à régler l'addition, lorsque le serveur m'a rendu mon billet :

« Martine, c'est déjà payé.

– Ah bon ! Mais par qui ?

– Un jeune gars.

– Lequel ? (Je tournais la tête dans tous les sens.)

– Non, ne cherche pas, il n'est pas là. C'est un brun, type oriental, plutôt bien habillé... »

Le « cadeau » va se reproduire ainsi plusieurs jours pendant lesquels mon bienfaiteur demeurera invisible. Et puis, un midi, enfin, je l'ai vu attablé à l'instant où je poussais la porte de la brasserie. Il m'a observée, tranquillement, a esquissé un sourire timide. Je me suis approchée, comme envoûtée. Il m'a invitée à m'asseoir :

« Je m'appelle Philippe. Vous, c'est Martine, je crois ? »

J'ai dû réussir à bredouiller quelque chose comme « Mouif ». Et puis, je l'ai écouté, sans vraiment l'entendre, j'ai bu ses paroles sans les comprendre. Il m'a transportée hors du présent pendant une dizaine de minutes avant de s'excuser de devoir partir.

Nous allons nous revoir cinq fois dans les six mois qui suivent. Trois fois pour le déjeuner et deux fois à la sortie des cours où il viendra me récupérer pour me raccompagner jusque chez moi en métro mais en me laissant trois stations avant l'arrivée pour m'éviter des problèmes avec mon père. Et puis, Philippe va disparaître de ma vie... pendant presque dix ans.

Évidemment, pendant les premières semaines, je vais l'attendre, chercher à trouver une explication acceptable, recouper les quelques informations qu'il m'a livrées sur lui, son histoire... pour comprendre.

Il ne m'a pas donné son nom, juste dit qu'il était né en Égypte, que sa mère était normande et son père un dentiste égyptien réputé. Il a vécu de très belles années d'enfance dans cette famille richissime d'Alexandrie, ensuite, ses parents se sont séparés et sa mère est rentrée en France avec ses quatre enfants ; la vie est devenue plus difficile : il a dû commencer à gagner sa vie dès 14 ans alors qu'il voulait faire des études longues. Il avait même un oncle diplomate... En fait, je m'aperçois que je ne sais pas grand-chose de lui, surtout je ne sais ni où il vit ni même où il travaille. D'ailleurs que fait-il exactement ? Quel est le boulot qui lui permet de gagner sa vie en étant habillé avec chic ? Mystère... Plus tard, bien plus tard, j'apprendrai de sa bouche qu'il avait déjà commencé à « bricoler » à cette époque, que, en partie livré à lui-même depuis son arrivée en France, il dérivait dans la petite délinquance. La faiblesse de sa mère, l'absence de son père, l'animosité manifeste d'une bonne partie des habitants de sa « nouvelle » patrie à l'égard d'un petit « bougnoule », une certaine fierté bravache... Philippe ne s'est jamais cherché d'excuses pour expliquer son cheminement hors la loi...

J'ai 16 ans à peine et mon prince charmant s'est évanoui dans la nature. L'atterrissage est brutal, l'adolescente naïve vient de prendre sa première gifle sentimentale. Celle qu'on n'oublie jamais.

II

Inutile de m'étendre sur les années qui suivent, sans lui. Je crois qu'à part ma fille, Sandrine, je ne conserve aucun vrai bon souvenir, du moins pas de ceux qu'on pose par écrit. Pour aller à l'essentiel, disons que la Cendrillon abandonnée a terminé sa formation, s'est consolée auprès de ses meilleures copines dont Cathy, notamment, a eu quelques amourettes avant de rencontrer un autre prince, beaucoup moins charmant. Ensuite ? J'ai succombé trop vite, je me suis retrouvée enceinte très tôt, je me suis mariée en catastrophe, mon couple a rapidement battu de l'aile alors que mon mari me battait et nous nous sommes expatriés dans le sud de la France. J'ai espéré qu'il se calme. Il en a été incapable alors j'ai fini par le quitter et demander le divorce. Nous étions en 1978 et je commençais enfin à vivre, à me sentir heureuse. Afin de mettre encore plus de distance avec l'existence fade de femme mal mariée et vivre pleinement mon renouveau, j'ai décidé de quitter le Sud pour retrouver Paris et… Cathy. Ma chère Cathy, cette amie si précieuse qui m'avait si souvent consolée pendant une partie de mon enfance, ma confidente ! J'ai renoué avec elle un peu par hasard, parce que ma mère l'avait croisée un matin, sur le marché de Valenton il me semble. Cathy n'était pas en forme, elle venait de se séparer de son mari, se retrouvait seule avec ses deux enfants, craignait de ne pouvoir faire face à sa nouvelle situation. Afin de lui remonter le moral et en souvenir du bon temps des copines, je lui ai proposé de venir passer quelques jours avec ses filles dans ma maison de Sanary. Je l'avais mise en vente lors de mon retour à Paris, quelques mois plus tôt, et j'avais l'intention d'en profiter encore.

En ce mois de février 1979, Cathy, moi et nos trois enfants sommes donc dans le Midi. On bulle, on se balade, on profite de la douceur de l'hiver varois. Les trois fillettes jouent ensemble toute la journée, je vais de temps en temps au salon – j'avais mis en gérance ma première affaire au moment de mon retour à Paris – voir comment marchent les affaires, Cathy se reconstruit, peu à peu. Les jours défilent ainsi, paisibles et gais. Un matin, d'un air bizarre, elle me pose une question *a priori* banale :

« Dis, tu sais où se trouvent les Baumettes, à Marseille ? Je dois y aller... »

Je connais un peu la cité phocéenne mais c'est la première fois que j'entends ce nom. Je lui demande d'être un peu plus précise afin de pouvoir éventuellement l'aider :

« Les Baumettes, c'est quoi exactement ? C'est le nom d'un hôpital ?

– Non, c'est une prison, c'est la prison de Marseille... »

Sa réponse me souffle. J'ouvre des yeux ronds. Qu'est-ce que Cathy peut bien vouloir aller faire dans ce genre d'endroit ? Je la sens gênée.

Après avoir trouvé l'adresse dans l'annuaire, je lui explique laborieusement le moyen de s'y rendre – plus tard, je pourrai y aller les yeux fermés. Cathy me demande si je peux garder ses filles pendant son « escapade ». J'accepte, sans poser aucune question. Je sais qu'elle a un jeune frère du genre loulou. J'imagine qu'il a dû faire une bêtise...

De retour de Marseille, Cathy arrive des larmes plein les yeux, la mine défaite. Je n'ose la questionner. Nous dînons dans un calme étrange, je sens qu'elle veut me dire quelque chose, qu'elle a besoin de soulager son cœur. C'est seulement lorsque nos fillettes sont couchées qu'elle commence à me raconter. Et progressivement, son récit va m'engloutir pour toujours.

Cathy n'est pas allée voir son petit frère ni son père et encore moins sa mère. Mais un cousin, un cousin qui a notre âge, un cousin dont elle était un peu amoureuse enfant, qu'elle avait perdu de vue pendant quelques années et qu'elle avait retrouvé, derrière les barreaux, un cousin qui me connaissait aussi.

« Quoi ? Qu'est-ce que tu racontes ? Le garçon que tu es allée voir en prison me connaît ? Qu'est-ce que c'est que cette histoire ?

– Il me l'a dit ! Il est pratiquement sûr que c'est toi ! Il a fait le rapprochement lorsque je lui ai expliqué pourquoi et avec qui j'étais dans le Sud. Il s'appelle Philippe, il t'a rencontrée lorsque tu étais élève quai de Jemmapes. »

La révélation ! Je suis littéralement assommée. Mon prince charmant est de retour, mais en cage ! Non, ce n'est pas vrai ! Je suis en plein rêve, ou cauchemar, qu'est-ce qui se passe, qu'est-ce qu'elle me raconte ?

Cathy me déroule la vérité, bizarre, inattendue, stupéfiante, incompréhensible. Mais la vérité. Philippe est bel et bien son cousin ; à l'époque où je l'ai rencontré, elle n'avait plus vraiment de nouvelles de lui et n'avait donc pas fait le lien avec le bel inconnu dont je lui avais évidemment tout dit. Je l'avais perdu tandis qu'elle avait renoué avec lui. Et maintenant, il est enfermé. Mais pourquoi au fait ?

« Une énorme connerie ! Il a braqué une banque ! On n'a jamais retrouvé l'argent ! C'était il y a cinq ans. Il en a pour longtemps. Ils l'ont condamné à perpète...

– Quoi ? Tu es vraiment sûre ? On parle bien du même Philippe ?

– Écoute... Puisque je te dis que c'est lui ! Tu peux lui écrire pour lui demander. Tu verras. »

Cathy me tendit alors un papier sur lequel était inscrit « Philippe El Shennawy », suivi d'un numéro d'écrou.

Ces lettres se brouillent devant mes yeux. Dans ma tête, tout tourne à la vitesse d'une essoreuse. Comment ? Un garçon si bien élevé... avec un oncle diplomate... Lui, un braqueur... Un gangster ! Mais qu'est-ce qu'il s'est passé... ?

III

Qui est donc ce fantôme qui a disparu de manière inexpliquée de ma vie d'adolescente follement éprise avant de réapparaître si « extraordinairement » dans mon existence de jeune femme paisible ? Aujourd'hui, je possède bien sûr la plupart des réponses. Philippe surtout, des avocats, des juges, certains directeurs de prison, quelques journalistes m'ont éclairée sur la vie de l'homme que j'aime entre notre séparation de 1970 et nos retrouvailles en 1979. Dix années qui ont transformé un jeune garçon éduqué mais turbulent en détenu particulièrement signalé : DPS. Une jeunesse vécue à cent à l'heure, une jeunesse brûlée, une vie condamnée.

L'année de ses 16 ans, celle de notre rencontre, est celle de sa première condamnation... Des « bricoles », des vols, qui lui valent de passer au tribunal correctionnel. Il a néanmoins réussi à éviter certaines condamnations, quelques « enfantillages » étant demeurés invisibles. Aujourd'hui, il y a prescription...

L'année suivante, en 1971, il passe à la vitesse supérieure avec un vol qualifié commis chez son employeur le 23 décembre. Une escroquerie en bande dont il n'aura pas le temps de profiter. Dans sa famille, certains considèrent qu'il faut donner une leçon au sauvageon, qu'il faut stopper sa dégringolade dans la délinquance. Rentré en France, le père de Philippe prend donc la décision de conduire lui-même son voleur de fils jusqu'au commissariat le plus proche. Pour qu'il se dénonce. La sanction ne traîne pas. Lourde. Excessivement lourde. Le 13 novembre 1973, il sera condamné à cinq ans de prison dont deux avec sursis et une mise à l'épreuve. Direction Fleury-Mérogis. Philippe était mineur à l'époque des faits, on l'a jugé et condamné comme un jeune adulte qu'il faut mater. On peut lire la suite de sa « carrière » comme l'échec de cette première incarcération, forcément brutale, et incapable de permettre à une jeune tête brûlée de remonter dans les wagons du respect de l'ordre et de la propriété. Nul doute que certains considéreront ici que Phil était d'emblée irrécupérable, qu'il avait les gènes de la voyouterie. Comme si...

Ensuite, Philippe va entrer de manière spectaculaire dans l'histoire. Par une porte dérobée. Il va devenir le « héros » de l'un des plus fameux hold-up avec prise d'otages des années soixante-dix. Un braquage passé à la postérité cinématographique : tout le monde connaît le film d'Édouard Molinaro, diffusé à de multiples reprises par nos chaînes de télé depuis sa sortie, il y a vingt-cinq ans, *Pour cent briques, t'as plus rien*, avec Daniel Auteuil et Gérard Jugnot dans le rôle des braqueurs-preneurs d'otages. Dans ce film, la comédienne Anémone qui incarne un agent bancaire fait explicitement référence à « l'affaire de Breteuil ». Ce succès du box-office est l'adaptation d'une pièce de théâtre écrite quelques mois après ladite affaire. Une comédie très inspirée... une fiction risible, bien loin de la tragédie du réel.

Raconter la réalité de ce braquage dans les détails, maintenant, après toutes ces années, ces souffrances, m'est particulièrement difficile pour de multiples raisons. D'abord, je ne connaissais plus Philippe à cette période, et la première version que j'ai entendue de cette affaire est celle des médias – une version filtrée. Ensuite, toute notre vie commune, dans les parenthèses de l'administration pénitentiaire, découle amplement de ce « cas d'école du grand banditisme », comme on doit dire dans les écoles de police… Surtout, la seule parole qui tienne à mes yeux, depuis trente ans, la seule version des faits qui ait un sens, c'est celle de Philippe, celle qu'il soutient depuis le jour de son arrestation. Et cette parole claire, têtue, proclame, envers et contre tous les soupçons, l'accusation et finalement la condamnation : « Je n'étais pas dans cette banque, je n'ai pas participé au braquage de l'avenue de Breteuil… ». En bref, l'affaire de Breteuil n'est pas vraiment notre affaire. Alors à quoi bon la raconter ? Parce qu'elle nous pourrit la vie, parce que, d'une certaine façon, paradoxale, elle nous a unis. Parce que Philippe a payé pour les apparences, parce qu'il était très proche de l'un des braqueurs avérés et qu'il a été retrouvé en compagnie de cet ami, il était un complice idéal. Parce que cette injustice, car c'est une injustice, dure depuis plus de trente-deux ans, parce qu'un coupable court toujours avec 600 millions d'anciens francs qui ont fait beaucoup, beaucoup de petits, évidemment… Alors, flash-back sur un mauvais polar :

Huit septembre 1975 : peu après midi, deux hommes cagoulés et armés font irruption dans une succursale du CIC, au 88 avenue de Breteuil, dans le 15e arrondissement de Paris. Ils prennent les employés en otage – trois femmes et quatre hommes – et exigent 6 millions de francs, dont la moitié en devises étrangères (livres anglaises, dollars, marks allemands). Après plusieurs heures d'attente, le gouvernement et singulièrement Poniatowski, son ministre de l'Intérieur, finissent par renoncer à donner l'assaut. Sous la pression des syndicats des employés de banque qui exigent que la direction du CIC paie la rançon et devant la détermination affirmée des braqueurs (notamment lors d'un entretien téléphonique avec un journaliste de France Inter), les tireurs d'élite de la police sont évacués et des négociations entamées. Les autorités tentent d'échanger des otages contre des membres des forces de l'ordre. Refus catégorique des deux hommes qui obtiennent finalement l'intégralité de la somme exigée. Vers 22 heures, ils sortent de la banque en utilisant leurs otages comme boucliers. Ils s'installent dans la 504, déposée par un policier devant les grilles de la banque, l'un au volant et l'autre à l'arrière avec les trois femmes comme otages. La voiture démarre en trombe poursuivie par une meute de voitures et de motos de la police emmenée par la DS du fameux commissaire Broussard. Une course-poursuite infernale s'engage dans les rues de Paris au terme de laquelle les deux hommes parviennent à échapper à leurs poursuivants, tout en ayant relâché leurs otages, les unes après les autres. Malgré un déploiement de forces de police considérable, l'opération est un véritable fiasco pour les flics et un véritable « camouflet » comme le souligne alors *Libération* qui reproduisit le lendemain le dialogue surréaliste entre les membres de l'antigang pendant la poursuite. Le policier chargé de la radio ayant laissé son émetteur ouvert, les journalistes présents ont en effet pu entendre et enregistrer sur leurs récepteurs une discussion au cours de laquelle les policiers déclaraient qu'on devait jouer la manière forte, l'intervention musclée, l'un deux proposant même de bondir à l'intérieur de la banque et : « Si t'as des otages, et ben tant pis t'allumeras les otages, ce sont eux qui prendront ».

En professionnels consciencieux, les gangsters ont pris la précaution de retirer la bande-vidéo de la caméra de surveillance, de mettre du poivre à l'intérieur de la voiture pour brouiller le flair des chiens, de garder leurs cagoules en permanence sur le visage, de porter des gants de caoutchouc et de bander les yeux de leurs otages. Les cow-boys de l'antigang n'ont donc aucun indice, aucune piste et l'audition des témoins n'apporte aucun élément intéressant. Tout juste sait-on que les deux malfaiteurs sont âgés d'une vingtaine d'années et qu'ils n'ont pas l'accent corse. Mais personne n'a aperçu leurs visages. Les enquêteurs reconnaissent que l'opération a été parfaitement menée. Sous la pression d'une partie de l'opinion publique et devant la multiplication de ce nouveau type de braquage avec prise d'otages (le septième depuis le début de l'année 1975), le ministre de l'Intérieur lance un appel à la délation, appel relayé par certains journaux. Celui-ci sera entendu quatre jours plus tard. À la suite d'informations émanant d'« honnêtes gens », selon *Le Parisien libéré* des 13 et 14 septembre 1975, deux suspects sont interpellés. Le tuyau décisif proviendrait d'une concierge du 18e arrondissement, intriguée par le va-et-vient dans l'un des appartements dans lequel on se faisait livrer des victuailles en provenance de chez *Fauchon*, une pratique plutôt inhabituelle dans ce quartier populaire. En « bonne citoyenne » donc, elle préféra informer la maréchaussée...

Au cours de la perquisition, les policiers mettent la main sur les armes et les cagoules ayant manifestement servi au braquage mais aussi, et surtout, sur un plan de la banque et un inventaire écrit complet du matériel utilisé. Le crime est signé ! Les « deux “jeannots” arrêtés », comme le souligne avec une pointe de regret *Libération*, sont immédiatement présumés coupables, et leurs photos et identités livrées aux médias qui s'empressent de les transmettre au public : « Il s'agit de Mahmoud El Shennawi, 21 ans, possédant la double nationalité égyptienne et française, et de Taleb Hadjadj, 21 ans, d'origine algérienne », comme l'écrit alors *Le Monde* du 15 septembre, fautes d'orthographe aux noms incluses. La police ne tarde évidemment pas à découvrir que non seulement Philippe et Taleb sont deux amis mais que, en prime, ils ont l'un et l'autre déjà été condamnés pour vol et escroquerie. Blanc bonnet et bonnet blanc, si l'un est dans le coup, l'autre l'est aussi, forcément. Seul hic dans ce beau succès policier salué par le Premier ministre de l'époque, un certain Jacques Chirac : les 600 millions se sont volatilisés ! Mais, que les « honnêtes citoyens » se rassurent, le chef de la brigade antigang l'affirme : « L'enquête se poursuit... » En janvier 2008, elle n'avait toujours pas abouti...

Présentés comme deux individus particulièrement « retors et violents », assimilés par certains journaux aux « forces de destruction qui s'attaquent aux fondements même de la société », Philippe et

Taleb sont incarcérés dans l'attente de leur procès, le Garde des sceaux Jean Lecanuet souhaitant que « les réquisitions du procureur soient rigoureuses et rapides ». Peu importe que Philippe nie sa participation au braquage, peu importe qu'aucun témoin, les otages notamment, ne puisse affirmer qu'il était bien dans la banque, peu importe les insuffisances et les irrégularités de l'enquête... la sanction devra être exemplaire pour ceux qu'une certaine presse surnomme déjà « les fauves ». Désormais et pour toujours aux yeux de la Justice de notre pays, Philippe sera une bête féroce et dangereuse.

On peut imaginer le climat dans lequel s'est déroulé leur procès à la fin du mois de janvier 1977, le manque de « sérénité nécessaire au débat » qui régnait aux Assises de Paris. Une atmosphère de vengeance inouïe selon Philippe et ce d'autant plus que, deux semaines auparavant, à la surprise générale, l'avocat Robert Badinter avait obtenu, grâce à une plaidoirie devenue célèbre et en dépit d'une pression politique, médiatique et populaire ahurissante, que son client, Patrick Henry, échappe à la guillotine. Condamné « seulement » à perpète, celui qui avait enlevé, pour obtenir une rançon, puis finalement assassiné le petit Philippe Bertrand, alors que toute l'opinion publique, les éditorialistes et la plupart des hommes politiques réclamaient sa mise à mort. Pour les partisans de la plus grande fermeté à l'encontre des criminels, particulièrement des preneurs d'otages, cette « clémence » était injustifiable. Résultat : l'impensable va se produire au cours du procès des deux jeunes « fauves », l'ombre de la peine de mort va flotter pendant quelques heures sur la tête des deux présumés coupables du hold-up de l'avenue de Breteuil. En effet, alors qu'aucun témoignage ne fut déterminant pour désigner formellement Philippe et Taleb comme les auteurs du braquage, que les otages eux-mêmes ne réclament pas ce châtiment, l'avocat de la défense brandit un article de l'ancien Code pénal prévoyant la peine capitale pour les prises d'otages, même s'il n'y a pas eu de victimes. Et pour appuyer ce réquisitoire effarant, il affirmera même que l'attitude de Patrick Henry a été « meilleure » que celle des deux accusés. Pour lui, les deux hommes, refusant d'avouer, continuaient de fait le hold-up sous les yeux de la cour ! À peine moins « enragé », l'avocat général réclamera quant à lui, à titre d'exemple pour dissuader d'éventuels imitateurs, la réclusion à perpétuité. Les avocats de Philippe et Taleb auront beau essayé de démonter une à une toutes les charges pesant sur eux, après deux heures trente de délibération, le jury suivra les réquisitions de l'avocat général : Philippe et Taleb iront finir leur existence dans les geôles de la République. Encore trop beau pour certains qui regrettent la mansuétude du tribunal qui va permettre à ces deux hommes « de bénéficier du régime ultra-libéral des prisons quatre-étoiles » alors que ce genre de voyous devraient être « automatiquement abattus ». Par charité, je préfère ne pas citer le nom du journaliste qui, à propos du hold-up de l'avenue de Breteuil, a commis ces lignes au pays des droits de l'homme, il y a seulement une trentaine d'années. Cette fois encore, le journal *Libération* sera l'un des seuls quotidiens à ne pas hurler avec les loups, mais à essayer de comprendre l'attitude de Philippe et Taleb, à émettre des réserves sur leur culpabilité, à s'intéresser à leur parcours : « Ce sont deux révoltés, deux marginaux, y compris dans le milieu de la délinquance, et sans aucun point commun avec ceux censés les juger », écrit ainsi Dominique Frot, le journaliste qui suit l'audience. « Les psychiatres l'ont dit à la barre : "Leur désir de jouissance est immense, ils veulent vivre dans l'instant." Ça nous rappelle quelque chose. Mais, devant les assises, il faut savoir que c'est très négatif. » Vingt-huit janvier 1977 : fin du mauvais polar. La guillotine sèche est tombée. Philippe entre pour toujours, ou presque, dans les ténèbres carcérales. Le véritable coupable court toujours et les centaines de millions avec lui.

Je pense, et je sais, que, deux années après ce verdict injuste, en 1979, la naissance de notre amour, ou plus exactement sa renaissance, est devenue sa seule véritable lueur de vie. Malgré son incroyable appétit de vivre, sans moi, sans nous, sans notre osmose par-delà les murs, Philippe, comme beaucoup d'autres, aurait abandonné le monde des vivants. D'une manière ou d'une autre.

IV

Tout commence, ou plutôt recommence, par une lettre qui m'arrive deux jours après les « révélations » de Cathy. Six pages d'une écriture serrée, tout en retenue, élégante. C'est la première d'une série ininterrompue car, depuis trente ans, Philippe m'écrit au moins une fois par jour, je lui réponds à chaque fois. Des mots qui jouent à cache-cache avec la censure de l'administration pénitentiaire, des phrases codées forcément, des pensées un peu anesthésiées parce que nous savons l'un comme l'autre que certains n'hésitent pas à violer cette intimité, officiellement pour des raisons de sécurité. Ces échanges, indispensables pour lui comme pour moi, vitaux même, n'ont pas grand-chose à voir avec une correspondance « classique » car nos lettres, comme celles que tous les détenus échangent avec leurs proches, se croisent plus qu'elles ne se répondent. La distribution et l'envoi du courrier derrière les barreaux étant soumis aux bonnes grâces de l'administration, il est exceptionnel que l'un ou l'autre reçoive les lettres dans le bon ordre. Tout est souvent chaotique. Des envois de Philippe disparaissent pour toujours, d'autres réapparaissent au bout d'une semaine, quinze jours. Certains de mes courriers arrivent en dentelle, incomplets, d'autres très en retard, ou ailleurs...

J'ai soigneusement conservé tous nos mots d'espoir, d'amour, de survie, d'envie et de désespoir aussi. Ces lettres, près de dix mille je crois, remplissent deux grandes malles. Combien de fois Philippe m'a-t-il dit avec de l'encre bleue des choses aussi simples que « Bonjour mon cœur » ; « Je t'aime mon ange » ; « À tout de suite » ? Combien de femmes savent-elles, tous les jours, malgré les années écoulées avec l'homme de leur vie, qu'il les aime « encore plus » qu'hier ?

Malgré les censeurs galonnés et les pilleurs anonymes, ces lettres, nos lettres, tissent chaque jour un peu plus fort la toile de nos sentiments. Édulcorée en apparence, autocensurée par nécessité et par pudeur, notre passion ainsi posée sur des dizaines et des dizaines de milliers de pages nourrit heure après heure, lecture après lecture, l'Amour turbulent, hors norme, bosselé qui nous anime. Imaginez un peu ce lien sidérant, rare, qui me relie jour et nuit à Philippe, un lien infini en forme de collier de perles composé de mots sucrés, magiques, uniques qui s'ajoutent perpétuellement les uns aux autres. D'un certain côté, nous avons une chance inouïe de vivre en grande partie l'autre, celui ou celle que l'on a choisi, à travers des mots, des phrases, à tout jamais figés. Cela me semble rare dans un monde où tout va si vite, où les paroles n'ont que la valeur de l'instant, où l'imprimé sage et calibré a définitivement, je pense, supplanté les lettres manuscrites, si chargées d'intimité, de liberté, de vérité. Les mots tracés par Phil ne mentent jamais sur ses sentiments, sur son état, sur sa rage de vivre, sur son désir. Chacune de ses lettres, même lorsqu'elles sont tourmentées, où ses mots sont froissés par la douleur de l'enfermement, reste pour moi une lueur d'espoir. Pour lui aussi.

Mais revenons à cette lettre « n° 1 », celle qui va rendre apparent un fil rendu invisible par les parenthèses de nos vies respectives. Cette lettre commence sobrement par un « Chère Martine », puis

Philippe enchaîne les phrases : « Je le savais, c'était écrit, c'est le destin... » ; « Il n'y a pas un jour où je n'ai pas pensé à toi... » ; « Je n'ai pas suivi le chemin que tu aurais pu imaginer » ; « Mais je veux que tu saches que je n'ai pas de sang sur les mains » ; « Je n'ai tué personne, je n'ai pas violé », et surtout « J'aimerais par-dessus tout te revoir et je pense que toi aussi tu souhaites me retrouver, au moins un instant... ». Phil est tout en retenue, déjà, ou plutôt toujours, comme lorsque nous nous sommes aimés, sans jamais oser se le dire ni même le montrer à la fin des années soixante, du côté du quai de Jemmapes.

Bien sûr, je suis follement heureuse d'avoir de ses nouvelles. Je ne cesse de lire et relire les feuillets qui tremblent entre mes mains, je les apprends presque par cœur. Et pourtant, je dois le reconnaître, peu à peu, un trouble, une crainte même m'envahit l'esprit. Ai-je vraiment envie de renouer avec cet homme dont je ne sais plus rien ou si peu depuis dix ans ? Ai-je quitté une vie de couple faite de chaos et de coups pour m'embringuer dans une relation, même le temps de quelques lettres voire d'une ou deux visites avec un voyou condamné pour un braquage et avec lequel aucune perspective pour construire quelque chose n'est sérieusement envisageable ? Je suis folle !

J'ai enfin gagné ma liberté, j'ai une fille superbe, une vie qui se recompose, un travail que j'aime, l'avenir devant moi... Que va-t-il advenir de moi si je replonge ne serait-ce qu'un petit doigt dans cette aventure ? Je risque de fiche toute ma vie en l'air. Pour un taulard dont j'étais éprise il y a dix ans ! Mais personne ne peut aimer un taulard ! Personne, non ?

Je passe une nuit pour le moins agitée par un fantôme du passé qui déboussole un à un les repères de mon présent.

Le lendemain matin, nouvelle lettre des Baumettes. Je l'ouvre avec des gestes maladroits. L'impatience, l'angoisse, l'envie... « Pour que tu puisses venir me voir, j'ai demandé pour toi un permis de visite exceptionnel. Je devrais avoir la réponse dans une quinzaine de jours. » Enfermé entre quatre murs, Philippe prend notre destin, le mien donc, entre les mains. Je ne lui ai pas encore répondu, il ne sait pas si je n'ai pas jeté son premier courrier, il ignore tout de ma réaction et pourtant, comme s'il pressentait la suite des événements et peut-être aussi pour les précipiter, il agit sur le cours des choses. Là, je dois dire qu'il m'épate. Comment un homme détenu depuis si longtemps peut-il trouver la force pour bousculer le rythme et la stabilité d'une personne vivant libre, dehors ? L'énergie du désespoir ? Bientôt je découvrirai que, pour Philippe, c'est non seulement sa nature profonde mais aussi, plus simplement, une question de survie. Il doit agir pour rester debout, digne dans un univers carcéral où tout est fait pour le réduire. Pour lui et certains de ses collègues enfermés comme lui pour une très longue peine, interagir avec le dehors est vital. Alors, oui, pour cette visite, il ne me demande même pas mon avis, et c'est tant mieux…

Ça y est, le rythme est pris. Tous les jours, le facteur dépose désormais dans ma boîte l'enveloppe qui me deviendra, avec le temps, presque familière. Je reçois tous ces premiers envois plutôt fébrilement. Philippe me reparle à chaque fois de ce futur parloir. Ce qui m'angoisse chaque fois un peu plus. Je ne cesse de me poser des questions. N'est-ce pas déraisonnable ? Trop précipité ? Vain ? Et puis, un parloir, qu'est-ce que c'est vraiment ? Dans ma tête, tout est très confus. Pourtant, plus je le lis, plus… je me sens comme… heureuse.

Un matin, ce que je craignais et espérais à la fois arrive. « Le permis a été accordé. La date est fixée au jeudi de la semaine prochaine à midi. L'autorisation sera au poste de garde, à l'entrée. »

Ces quelques lignes, renforcées par l'intimité sans cesse croissante qui s'est développée à mesure que nous nous écrivons, me déstabilisent pour de bon. Je ressens une joie indicible mêlée à une peur inouïe. Ma vie va chavirer, inutile de me voiler la face. Je ne peux plus reculer désormais, c'est à mon tour d'agir. En le fuyant pour toujours ou en le retrouvant. Avancer pour reculer ou l'inverse ? J'ai l'estomac noué : y aller ou pas... ?

Jeudi de la semaine prochaine... c'est dans dix jours. C'est si loin et si proche à la fois. Il me reste dix jours pour décider. Dix jours pendant lesquels je vais me trouver toutes les bonnes raisons pour rester chez moi et autant pour courir vers celui que finalement – les signes sont tellement nombreux – je n'ai jamais cessé d'aimer et d'attendre.

Finalement, je prends une décision qui, quoi qu'elle puisse m'en coûter, me semble la plus sage : en finir une bonne fois pour toutes et renvoyer cette histoire aux oubliettes du passé, considérer comme une évidence que, si la justice de mon pays a décidé que cet homme n'avait plus droit qu'à une minuscule cellule pendant encore une vingtaine d'années, c'était certainement une bonne chose. Que rien ne sert de déterrer une amourette d'adolescente surtout quand elle est recouverte d'un tel magma de miradors, de barreaux et de béton. Ne pas aller à ce rendez-vous, c'est chasser Philippe de ma mémoire, c'est retourner à ma vie maintenant si… si tranquille. Il faut mettre un point final à ce beau rêve. Et qu'importe si une boule douloureuse a décidé de me retourner le cœur.

Je suis têtue, parfois bornée. Lorsque j'ai décidé quelque chose, rien ni personne ne peut me faire changer d'avis.

Je suis aussi pleine de contradictions.

Le jeudi suivant, à midi, je suis devant la porte des Baumettes.

V

Une muraille de pierres qui cache les bâtiments, avec un immense portail de métal gris, percé d'une porte pour laisser passer les piétons. C'est le décor sinistre et hostile que je prends en pleine figure ce jeudi de mars 1979. Cette architecture si classique, si morbide d'une prison française, à l'ancienne, va devenir un horizon commun, récurrent dans ma vie. Sans que jamais je ne m'y habitue. La cage et son « esthétique » ne peuvent devenir une habitude, un rythme, oui, mais certainement pas un réflexe routinier. Conserver une forme de rejet, voire de dégoût face à ce bloc déshumanisé, c'est pour moi nourrir l'espoir de le voir en sortir un jour.

Alors dire que je suis mal à l'aise le jour de ma première visite serait un euphémisme. Devant « ça », je ne suis plus grand-chose. Je suis tendue, intimidée, inquiète, enfermée dans mes doutes. Pour cette première fois, un ami m'a accompagnée. Je me sentais incapable de conduire de Cassis à Marseille. Depuis, je l'ai dit, j'ai appris à « gérer », seule.

Lorsque je me décide enfin à descendre de la voiture, le soleil de printemps, déjà haut dans le ciel, plombe étrangement le bitume et... je reçois un nouveau choc !

Je suis comme plantée sur place, incapable de faire un pas. Devant moi, la file de ceux qui attendent est impressionnante. Une foule bigarrée qui tient un peu de la cour des Miracles et de la tour de Babel. Des familles multicolores et chargées de sacs en plastique à carreaux rouges et bleus tellement remplis qu'on se demande comment ils n'explosent pas, des dizaines de femmes surtout. Elles fument, crient, s'interpellent dans toutes les langues, se tutoient dans un langage pas particulièrement élégant. Dans cette immense colonne bruyante, nerveuse, dérangeante, je distingue une petite poignée de femmes muettes, accablées et perdues.

« T'as vu la dernière fois cette espèce d'abruti ? Il a pas voulu prendre mon linge...

– Moi, il a dit trois paires de chaussettes seulement. J'lui ai dit : "espèce de gros blaireau".

– Il a pas intérêt à faire c... Quand mon mec y s'ra dehors, y faudra qu'y fasse gaffe à sa g..., ce fils de p... »

Voilà pratiquement mot pour mot le premier échange que j'ai entendu devant les portes d'une prison. Ce jour-là, et même si je n'étais ni une sainte-nitouche ni particulièrement à cheval sur le bon usage de la langue française, j'ai reçu une invraisemblable douche de vulgarité et de violence verbale. Comme si j'étais face à une manifestation de mégères déchaînées ou que j'assistais en direct au championnat de France de l'insulte. Dans quel monde venais-je de tomber ?

Plus j'observe et plus j'entends, et plus je me répète qu'il n'y aura pas de prochaine fois. L'idée de retrouver un amour fou qui a viré couleur affreux voyou m'a pour le moins perturbée mais si, en prime, je dois subir des à-côtés aussi peu reluisants ! Et je n'ai même pas encore franchi les portes du pénitencier ! Qu'allait-il se passer une fois à l'intérieur de ce monde clos, coupé de la normalité ? Si dehors, la plupart des « femmes de... » étaient déjà surexcitées, agressives et vulgaires, qu'est-ce que ça devait être du côté de leurs maris en cage ? Sans même parler de cette inconnue, primordiale pour moi : quelle allait être ma réaction devant Philippe ? Finalement, je suis amoureuse d'un souvenir. Mais, ce souvenir a été sérieusement écorné par le temps et ses propres erreurs. Pourquoi suis-je venue en somme ? Voyeurisme, nostalgie, frisson du sulfureux, besoin de vérité ? Amour inaliénable ? Je surnage difficilement au beau milieu d'un torrent d'émotions et de questions.

Soudain, un détail vestimentaire me raccroche à la réalité, celle de cette foule oppressante dans laquelle je vais devoir me noyer. À cette époque, je portais toujours des tailleurs et, ce jour-là, j'en avais donc choisi un très mignon, bleu marine avec le chemisier blanc et les escarpins assortis. Un peu midinette, j'avais, cerise sur le gâteau, accroché à l'épaule un ravissant petit sac Chanel. Avec ma coiffure au carré, j'avais davantage l'allure d'une pensionnaire récemment libérée du couvent des Oiseaux que celle d'une sauvageonne échappée de maison de correction. Je suis trop différente d'elles !

La panique me gagne, j'ai un mouvement de recul. Faire demi-tour tout de suite. Je suis bousculée, ballottée, un groupe de filles me passe devant, s'agglutine aux autres. Il faut que je me ressaisisse. J'avance à mon tour.

Mon apparence fait immédiatement sensation, tous les regards se tournent vers moi et les questions ne tardent pas à fuser : « T'es qui, toi ? »

Je suis pétrifiée. C'est difficile à expliquer mais, bizarrement, au milieu de cette cohue étrangère, je me sens comme sale, dégradée. Et le fait de me faire apostropher de manière aussi directe, sans le minimum d'éducation, par des inconnues renforce ce sentiment de gêne intense. Je dois tenir, je n'ai pas fait ces efforts pour renoncer si près du but, si proche de lui. Je choisis du coup de m'enfermer dans ma bulle, de ne pas entendre ce qui se dit autour de moi, de ne pas répondre. Répondre quoi d'ailleurs ? Évidemment, mon attitude autiste est immédiatement mal perçue par certaines de mes voisines. Si je ne dis rien, c'est que je les snobe. Et donc que je les méprise. Et bien sûr pour des femmes de parloirs, tellement habituées à être humiliées par l'administration pénitentiaire et stigmatisées par la société voire leur famille, une telle posture est inimaginable, insupportable de la part d'une... « semblable ». Car, que je le veuille ou non, à cet instant, je suis bien comme toutes ces femmes qui m'entourent et que je rejette : une proche de détenu. Mon mutisme déclenche ainsi une réaction d'hostilité qui vire rapidement à la franche agressivité :

« Mais tu te prends pour qui toi ? » ; « On est pas assez bien pour que Madame ose nous parler ! » ; « Eh, dis donc, c'est ton mac qui t'as appris la politesse ? » ; « C'est quoi cette bourge qui nous la joue duchesse ? »... Ce dernier surnom me collera à la peau un certain temps d'ailleurs. Bientôt, ce sont carrément des insultes, on me traite de tous les noms possibles, on met en doute l'honorabilité de ma famille, les mœurs de mes parents... bref, en cinq minutes, je suis devenue une paria... au milieu des femmes de parias.

Mon calvaire sera interrompu par un haut-parleur fixé sur le mur qui se met soudain à crépiter : « Premier parloir. Division 1. » Un bruit de serrure, la porte qui s'ouvre. C'est pour moi ! Enfin, pour nous. Et là, sans même calculer, alors que c'est la première fois que je me retrouve dans cette situation, je fais comme toutes les autres : je fonce. J'appréhende tellement de voir cette porte se refermer sous mon nez que... j'arrive même en tête de la file. Mais là, je me retrouve de nouveau très vite perdue : qu'est-ce que je dois faire maintenant ? Quelle est la procédure à suivre ? Le meilleur moyen de me sortir de cette situation, c'est encore d'imiter les autres, celles que je viens de dépasser. Du coup, me voilà obligée de céder mon « rang ». Un peu honteuse, je laisse passer devant moi un groupe de femmes, celles qui avaient les mots les moins aimables à mon égard. Puis, je respire un grand coup et avance fébrile, derrière elles, vers l'inconnu.

Ahurie ! Il n'y a pas d'autre terme pour définir mon état. J'ouvre de grands yeux. Je me trouve dans une vaste cour pavée de façon rudimentaire. Sur un des murs, une rangée de casiers métalliques, un peu comme dans une consigne de gare. Un type en uniforme, étoile dorée sur le col et sur la casquette – un surveillant – nous remet une clé chacune à tour de rôle, en nous désignant les casiers : « Vous laissez tout ce qui est ferraille... »

Ensuite, nous passons dans une sorte de salle d'attente, où flottent des remugles de tabac froid et de transpiration. La nausée, encore. Derrière un grand comptoir trônent d'autres surveillants, certains visiblement galonnés. Il y a à peine une demi-heure qu'a démarrée mon éducation pénitentiaire et je sais déjà qu'on les appelle les « matons ». Pour les visiteurs, la fonction principale de ces hommes se limite à dresser d'autres hommes, « les fauves » que la société préfère garder en cage. Mon Philippe notamment. J'ai également eu le temps de comprendre à travers les bribes de conversation, saisies auprès de mes « camarades » de visite, que certains gardiens sont plus sympathiques, plus humains que d'autres, qu'il y a comme une hiérarchie dans l'irrespect dans lequel ils nous tiennent le plus souvent, nous, les « familles » de rebus.

Je ne perds pas une miette de cet environnement si oppressant, si loin de ce que je pouvais imaginer. Je viens de franchir les rives d'une *terra incognita* dans laquelle je ne m'étais jamais projetée, que je n'avais jamais pensé fouler, que même à travers un reportage dans la presse je n'avais jamais eu la curiosité – malsaine ? – de chercher à découvrir. Pour quoi faire d'ailleurs ? Je n'ai jamais eu la vocation d'une âme charitable prête à sauver des brebis égarées et encore moins celle d'une révolutionnaire rêvant d'un monde sans barreaux. Je ne le suis toujours pas même si mon opinion sur l'univers carcéral et la justice ont bigrement évolué avec le temps.

Mes yeux impriment tout. Dans un coin, certaines femmes remettent aux gardiens les sacs de linge qu'elles ont apportés. Quelques-unes les prennent méchamment à partie. Deux matons m'observent de haut en bas, l'air de dire : « Celle-là, elle débarque. C'est la première fois qu'elle vient. » Il faut dire qu'avec mon air emprunté et mon allure qui détonne incontestablement avec celle de leurs

« clientes » habituelles, je fais un peu animal propret et domestique égaré parmi les louves… Celles qui deviendront d'une certaine manière, au fil des parloirs, mes « sœurs de misère », celles avec qui, sans pour autant avoir jamais tissé de véritables liens d'amitié pendant ces décennies, je vais apprendre à partager une vie en forme de barbelés.

« À la fouille, mesdames ! »

À cette époque, les portiques de détection étaient encore très peu répandus et la fouille se faisait avec la « crêpe », une sorte de manche prolongé d'un cercle, passée le long du corps. L'engin est parfois utilisé dans les aéroports, lorsqu'il y a une grève de l'électronique moderne. Alors, c'est comme avant un embarquement pour les Seychelles, on enlève les ceintures, les chaussures, on soulève les pieds et… au moindre bourdonnement, qui signale la présence d'un objet métallique, le suspect, ou plus souvent la suspecte, a droit à une fouille au corps, une palpation en bonne et due forme. Vous pouvez même avoir le déshonneur de passer dans une cabine en compagnie d'une ou deux surveillantes pour une fouille intégrale et radicale. Bien sûr, pour cette première fois, je n'ai absolument rien conservé sur moi qui soit métallique de près ou de loin, trop peur qu'ils me gardent. Je ne sais pas encore que ce n'est pas possible, et qu'en cas d'entorse volontaire, c'est Philippe qui trinquera d'une manière ou d'une autre. Plus tard, avec l'expérience, je découvrirai également que certains vêtements sonnent sans aucune raison, qu'ils ne résistent pas aux portiques détecteurs de métaux. À cause d'un bouton, un jean peut se mettre à sonner, à cause d'une baleine, c'est le soutien-gorge qui déclenche l'alarme, à cause d'une boucle de chaussure, vous voilà suspectée de dissimuler une arme, un canif, une lame de rasoir... Et cet instant n'est jamais agréable !

Mais pour mon baptême du feu, j'ai de la chance et je franchis l'obstacle dans le plus beau silence. Ensuite ? Eh bien, en échange de ma carte d'identité, on me remet mon permis, une simple feuille de papier tamponnée. Plus un carton avec un numéro, celui de la cabine qui va nous réunir pour trente minutes, Philippe et moi.

Nouvelle porte, nouveaux claquements de serrures. Je pénètre dans un couloir avec une rangée de portes : les parloirs.

Dans le fond, de l'autre côté, un autre couloir lugubre avec une porte qui s'ouvre. Une dizaine d'hommes en sortent. Je le cherche des yeux, le reconnaît immédiatement, il a si peu changé. Il me sourit déjà...

VI

Il est tellement beau ! Aussi beau que le jour où je l'ai vu pour la première fois. J'éprouve le même coup au cœur, même si Philippe a troqué ses costumes élégants d'autrefois pour un jogging bleu marine « plus pratique quand on est fouillé pour un oui, pour un non ». Toujours aussi mince, le même charme, malgré le temps passé, l'enferment, sa mise à l'ombre.

On nous a attribué le parloir n° 6. J'entre de mon côté, lui du sien. On nous enferme à clé. Notre espace d'intimité mesure trois mètres carrés au maximum, séparé en deux par un muret en ciment d'un mètre de haut environ. De chaque côté, deux tabourets scellés au sol. Les cloisons de séparation montent jusqu'en haut, et, derrière nous, à travers le vitrage des portes, les gardiens multiplient les allers-retours dans les couloirs. Notre bocal est sous très étroite surveillance mais... nous pouvons enfin nous parler. Si les mots acceptent de sortir. Car je suis tétanisée. Ses bras s'écartent lentement, je m'approche, craintive, bouleversée, ballottée par une vague de bonheur incontrôlable. Je ne veux pas réfléchir, le sentir m'enlacer vite, les larmes du cœur me submergent. Je me précipite et Phil m'enserre. L'adolescente a enfin retrouvé son prince de Jemmapes. Le muret n'existe plus, ni les matons, ni les mégères, ni la honte, ni les doutes, ni demain. Après de longues minutes passées ainsi, Philippe me prend par la main et me fait asseoir doucement. Ce geste protecteur me donne envie de retourner me lover contre lui. Quoi de mieux que d'être tout contre celui que l'on aime. Car certaines évidences ne tardent pas à s'imposer : cet homme, ici et maintenant, je l'aime. Et cela me donne le vertige car, déjà, j'ai cette sensation inouïe que, désormais, nous allons parcourir un long bout de chemin ensemble, une route cabossée que je ne veux plus quitter.

« Pardonne-moi de te faire venir ici, au milieu de tout... de tout cela, de ces gens... J'ai même pensé que tu ne viendrais pas... »

Ensuite, comme pour me rassurer, il m'explique pourquoi il est enfermé. Il me raconte le coup de Breteuil, sans entrer dans les détails : « Il y a eu un braquage et comme c'était un de mes amis qui était dans la banque, on m'a accusé aussi... Si tu veux je t'expliquerai plus longuement. Je suis innocent, mais on m'a condamné à perpète !

– À perpète ? Cela signifie que tu ne sortiras jamais ?

– Presque. Ils me gardent au moins vingt ans.

– Vingt ans ! »

Vingt ans ! Je reste muette, pétrifiée. Mon amie m'avait pourtant avertie de l'absence d'horizon ensoleillé qui attendait Philippe pour longtemps mais je n'avais pas véritablement réalisé. Vingt ans ! La seule chose que j'ai réussie à prononcer en guise de réaction me fait plutôt sourire aujourd'hui, avec le recul.

– Vingt ans ici ?

– Non, parce que je suis également condamné à être perpétuellement balluchonné, déplacé d'une prison à l'autre si tu préfères. Pour des questions de sécurité, parce que je suis considéré comme un type particulièrement dangereux, un détenu qu'on ne doit pas quitter des yeux, un méchant à surveiller de près. Cette étiquette me donne une sorte d'avantage :

en général, on m'isole des autres, des petites frappes et autres voyous du dimanche. L'isolement, c'est l'enfer trois-étoiles... »

Philippe a lâché cette dernière phrase avec un petit rictus, mais ses yeux ne mentent pas : mon chevalier déchu souffre atrocement de sa mise au ban de la société. Je n'ai pas envie de le juger, je n'ai pas envie de réfléchir à sa « dangerosité ». Pour moi, cet homme, mon premier amour, mon amour pour toujours ressemble forcément à une belle histoire, sans aucun risque pour moi, sinon la séparation.

Maintenant Philippe veut m'entendre, souhaite que je lui raconte ma vie, ces dernières années sans lui. Alors j'enchaîne les phrases, sans ordre, avec passion, par flots comme si je voulais raccourcir le temps passé loin de lui. L'unique personne sur laquelle je pose un souffle plus long, parce qu'elle représente certainement ma seule réussite au cours de ses années, c'est ma fille. Il boit chacune de mes paroles, comme si le moindre mot lui apportait une bouffée de l'air du dehors. Je ne mesure pas encore combien, à cet instant, je lui fais beaucoup de bien, mais aussi... du mal. Lors de ce moment intense, Philippe prend davantage conscience qu'il vit hors du monde. Comme grisé par mon débit, par ces vannes que j'ai ouvertes trop brutalement, certainement, pour quelqu'un qui a besoin par-dessus tout d'être entendu, choyé, compris. Philippe m'apparaît subitement éprouvé, accablé. Je me reproche alors à haute voix de ne pas lui laisser le temps de réagir, lui demande de m'excuser de ne pas avoir été attentive à sa douleur. Et j'ajoute pour le rassurer : « Nous ne parlerons plus de ma vie d'avant, elle n'a aucune importance, ce qui compte désormais pour moi, c'est toi, ton histoire, tes envies, tes états d'âme. Ce moment exceptionnel que nous passons ensemble, il t'appartient en priorité, je veux qu'il soit celui d'un intense bonheur pour toi. »

C'est une horrible sonnerie qui a empêché Philippe de me répondre. Fin de parloir. Les trente minutes – plutôt vingt-cinq d'ailleurs – se sont écoulées à une vitesse vertigineuse. Nous nous sommes levés à regret de nos sièges inconfortables. Ses yeux brillaient.

« Tu reviens la semaine prochaine ?

– À ton avis ? Maintenant que je t'ai retrouvé, je n'ai pas l'intention de te perdre à nouveau. Donc, je reviens forcément. »

Puis nous volons une ultime petite minute à l'administration pénitentiaire pour nous embrasser, tendrement, mais pas encore sur les lèvres. À l'extérieur de notre placard, un maton s'impatiente, il ouvre la porte de son côté et embarque Philippe. Je le regarde disparaître. Impossible de retenir mes sanglots maintenant. Et pourtant je me sens épiée par mille yeux, ceux des autres femmes qui sortent aussi de leur box, ceux des matons, ceux des murs de ce couloir sinistre, ceux du monde extérieur auprès duquel désormais j'apparaîtrai probablement comme une idiote subjuguée par un taulard, une pauvre fille coupable de soutenir et même d'aimer un dangereux délinquant.

Me revoilà sur le terre-plein, désemparée, au milieu des autres. La porte de la prison a violemment claqué derrière nous comme pour mieux nous signifier que la forteresse de l'enfermement reprenait tous ses droits. L'émotion, l'angoisse, la détresse, la rage aussi me submergent... Je suis prise de vertiges. Ce premier parloir, il me faudra deux jours pour m'en remettre.

VII

Sitôt rentrée chez moi, je poste une longue lettre à Philippe. Une nécessité qui, je l'ai dit, ne m'a plus jamais quittée. Comme si je voulais prolonger notre temps, nos retrouvailles. Comment vais-je gérer l'avenir, avec ma fille, le magasin, mon ex-mari ? Je n'en ai aucune idée ! Comment vais-je pouvoir me débrouiller pour multiplier les allers-retours avec cette prison, à Marseille alors que je viens à peine de retrouver une vie à Paris ? Une vie ? Mais quelle vie au juste ! Mon avenir se dessine désormais autour de Philippe, c'est une évidence. J'ai mis le doigt dans un engrenage et il est hors de question que je l'enlève. Cet homme, je veux l'accompagner jusqu'au bout de sa peine, ne plus jamais lâcher sa main à travers ce long tunnel. Ce jour-là, j'ai scellé un pacte avec moi-même, sans me rendre compte une seule seconde de ce que j'allais traverser et endurer par la suite. C'était comme un challenge, je me sentais plus forte que n'importe qui, capable de me projeter dans un après sublime, merveilleux, sans mesurer à quel point je faisais le choix de remplir mon existence d'une solitude sans fin, de suspendre ma vie et, avec elle, ma liberté de vivre un amour en filigrane. Je ne réalisais pas combien l'incarcération de Philippe allait me dévorer moi aussi, combien la prison occuperait tout, l'espace, le temps, les pensées, l'intimité.

Le lendemain, je n'ai qu'une chose en tête : obtenir un permis de visite définitif, très vite. Naïvement, je m'imagine qu'il suffit de faire une demande pour obtenir ce précieux laissez-visiter. J'appelle donc avec un bel enthousiasme la prison où un préposé refroidit *illico* mes illusions :

« Impossible de venir comme ça, m'explique assez sèchement mon interlocuteur. Les parloirs exceptionnels sont... une exception justement ! C'est trois fois maximum. Autrement, il vous faut un permis permanent. Vous pouvez toujours en faire la demande, vous aurez la réponse dans un mois environ. La gendarmerie doit d'abord faire une enquête de moralité sur vous. Au revoir Madame ! »

Aimable comme une porte de prison, évidemment ! « Mais, à quoi tu t'attendais ma pauvre fille ? Tu pensais que tes désirs allaient bousculer un ordre immuable, verrouillé de tout part, où le sens des mots "envie", "besoin", "exaltation" est limité par une série d'autorisations, de vérifications, de barrages auxquels tu ne pourras jamais échapper ? » Le coup est rude, mais je me dis que, finalement, c'est plutôt logique. Si les prisons étaient des moulins, elles en porteraient le nom. Il est normal que l'on contrôle de la manière la plus stricte les visiteurs, car la majorité des types enfermés le sont pour de bonnes raisons. Pas mon Philippe, évidemment, mais bon, tant qu'il est à l'intérieur, je vais devoir me plier à la règle. Il va juste me falloir être patiente pour obtenir mon permis. Il n'y a aucune raison que l'on me le refuse, du point de vue de la « moralité », normalement, je n'ai rien à craindre. Je n'ai jamais eu à faire ni à la police ni à la justice. Sauf pour mon divorce. Ils ne vont tout de même pas m'empêcher de revoir Philippe parce que je me suis séparée d'un type violent ? Non, ils ne feraient pas une chose pareille, c'est moi la victime dans cette histoire ! Mais, j'y songe, ils vont certainement aller questionner mon ex-mari pour leur enquête ? Peut-être qu'ils iront également voir mes parents, mon entourage, interroger mes rares connaissances ? Tout le monde va savoir. Subitement, je me sens emplie de honte, comme la complice, la coupable de quelque chose. On me jugera mal forcément... Comme une femme de voyou. Comment les gens pourraient me comprendre ? Me voilà engluée dans une épouvantable incertitude, je dois me raisonner, il est encore temps de tout interrompre, d'oublier Philippe, d'enterrer ma promesse de nouveau parloir, je ne lui dois rien. Nouvelle séance de torture psychologique : comment ai-je pu une seconde penser une pareille chose ? Comment ignorer la détresse d'un homme que je n'ai jamais cessé d'aimer ? Comment, moi, la femme volontaire, ai-je pu jeter aux orties ma parole donnée, la certitude d'avoir renoué avec mon destin sentimental à cause d'un supposé jugement négatif des autres sur moi ? Quelle importance ont les mauvaises impressions de mon ex-mari ? Je n'ai pas à justifier de mes choix auprès de mes parents depuis que j'ai 15 ans, il n'y aucune raison que cela change ! Et puis, dans mon entourage, s'il y a des gens qui ne comprennent pas, je ferai le vide.

Aujourd'hui, je m'aperçois avec étonnement combien ces premières résolutions prises alors que je décidais de souder coûte que coûte ma vie à celle d'un homme condamné à perpétuité se sont révélées des évidences, celles que vivent plus ou moins volontairement la plupart des femmes de détenus. Peu à peu, effectivement, on fait le vide autour de soi. Les amis d'avant disparaissent d'eux-mêmes. Après nous avoir demandé dix fois : « Mais pourquoi il est en taule exactement déjà ? » ; « Au fait, combien il lui reste encore ? » ou « Franchement, qu'est-ce que tu lui trouves ? », ceux qui se disaient proches et tolérants finissent par lâcher. On finit nous-même par se lasser de leur incompréhension qui perdure de toute façon, de cette espèce de compassion gênée. On préfère s'isoler, mettre sa sociabilité à la retraite et partager son néant avec la seule personne capable d'en ressentir l'intensité : Philippe dans mon cas.

Ainsi, ce jour de printemps 1979 au cours duquel je tente de balayer définitivement les derniers gravats de ma vie d'avant, Philippe occupe l'espace, devient une évidence, la réponse à tout. Mais, lui, a-t-il véritablement encore envie de me voir ? N'a-t-il pas été déçu ? N'ai-je pas été trop centrée sur moi ? Pour un peu, je me demanderais même si j'ai été « à la hauteur »... Vais-je avoir une lettre ?

Quarante-huit heures vont s'écouler avant que je sois rassurée. Par une lettre.

« Chère Martine,

Tout d'abord merci, merci d'être venue, merci d'avoir surmonté tes craintes, des doutes et probablement quelques bonnes raisons qui auraient pu te faire renoncer. Ta présence, ici, ce jour, était simplement magique. En sortant du parloir, j'ai zappé la promenade. Je suis retourné directement dans ma cellule pour t'écrire ces mots le plus vite possible... Tu sais, je n'ai jamais passé un jour sans penser à toi. Je suis souvent retourné quai de Jemmapes, mais tu n'étais plus là. [...] Plusieurs fois, dans la rue, alors qu'il me semblait te reconnaître à travers tes pas ou ta coiffure, j'ai accosté des inconnues en leur demandant : “Vous êtes Martine ?”. Sans succès, tu t'en doutes. Comment aurais-je pu te retrouver s'il n'y avait pas eu cette coïncidence ? [...] Avant que tu viennes, je me répétais : “Elle va faire sa demi-heure de parloir, puis elle repartira en courant.” Aujourd'hui, je t'ai vue, tu étais belle et plus craquante que jamais. Et puis tu n'es pas partie en courant, tu m'as promis de revenir. Pour ma part, j'ai toujours su que tout serait différent avec toi, les années ont passé et ta présence, ce moment intense me prouvent que j'avais raison [...] Mais je ne peux m'empêcher d'avoir peur. Peur que tu me dises que tu es contente de m'avoir vu, que ça t'a fait plaisir et qu'on se reverra dans vingt ans, dehors. Dis-moi que je me trompe... Si tu savais combien je t'aime... »

Cette lettre me fait chavirer. Je ne me suis pas trompée, il est celui que je n'ai jamais cessé d'attendre. Qu'est-ce que je peux lui répondre, sinon qu'il se trompe sur mes intentions ? Que, si je le pouvais, je serais déjà dans ses bras. Et que, plutôt que de l'écrire, je préférerais tellement pouvoir le lui dire en effleurant sa main.

Mais l'administration pénitentiaire est plutôt imperméable aux sentiments entre deux êtres et elle a encore moins pour vocation de faciliter l'épanouissement d'une relation amoureuse. Alors, en attendant un permis de visite – et même après –, il faudra surtout compter sur les bonnes dispositions de l'administration postale que nous allons désormais solliciter et enrichir quotidiennement. Petite parenthèse à ce propos : la Poste dans notre pays, c'est un service sur lequel les amants peuvent véritablement compter.

Mon permis, je l'obtiens au bout de trois semaines. Alors qu'il faut généralement un mois, voire deux. Erreur ou signe que le destin fait tout pour nous rapprocher, pour récupérer le temps perdu ? Nous avons bousculé la bureaucratie pour être ensemble plus vite, c'est l'essentiel.

Naturellement, j'ai eu droit à une visite des gendarmes pour la fameuse enquête de moralité. Ils viendront me trouver au salon de coiffure – revendu quelques mois plus tard. D'une voix forte, l'un d'eux m'a apostrophée à peu près comme cela : « C'est une enquête pour une demande de permis de visite déposée auprès de l'administration du centre pénitentiaire des Baumettes par le détenu El Shennawy. Vous êtes libre d'accepter ou de refuser. Qu'est-ce que vous décidez ? »

Question discrétion et respect de la vie privée, je pense qu'on peut faire mieux, qu'il n'était pas utile de signifier aux employés et aux clientes qu'un homme incarcéré souhaitait me voir. Même si j'avais décidé d'assumer pleinement cette situation, elle ne regardait personne.

J'ai donc fait sortir les agents dans la cour pour la suite de leur « enquête ». Il se trouve que je connaissais un peu l'un d'entre eux.

« Vous savez ce que vous allez faire, Martine ? Ce type est un braqueur. Il a fait une banque, c'est un individu dangereux... » Pour nous préserver, j'ai choisi de taire l'essentiel : « Vous savez, c'est seulement un copain de jeunesse. Je sais qu'il n'a tué personne et je crois qu'il n'y a pas grand monde qui va le voir. Je fais ça pour lui remonter un peu le moral. Par charité. Ne vous inquiétez pas, je veux seulement éviter que cet homme, qui avait vraiment été charmant avec moi lorsque nous étions jeunes, finisse pas perdre complètement la boule, voire pire. C'est seulement un reste de mon éducation catholique, je pense. Et puis, ça m'occupera. »

Fin de l'enquête, tout au moins pour la partie me concernant. Car les gendarmes n'ont évidemment pas manqué de questionner mon « voisinage ». Avec discrétion naturellement...

En attendant de recevoir mon permis définitif, je vais utiliser mon second permis exceptionnel pour revoir Phil.

Si l'ambiance est toujours la même, je me sens un peu moins novice que la première fois. J'ai retenu quelques petites choses de ma première incursion de l'autre côté du mur de la peine. Par exemple, j'ai préféré m'habiller plus sobrement : un jean, un tee-shirt blanc avec un pull bleu par-dessus, une veste en jean elle aussi, des tennis. Un déguisement parfait pour me fondre dans la troupe, être la plus anonyme, la plus invisible pour ne pas avoir à échanger un mot avec mes camarades de visite.

L'appel par haut-parleur, la porte en fer qui pivote, les affaires qu'il faut enfermer dans le casier, la fouille à laquelle on ne peut échapper, la carte d'identité qu'il faut donner, l'attente dans le couloir... le film se répète, toujours aussi lugubre, glacial, déshumanisé. Et puis, Philippe apparaît, mon cœur bat la chamade, ses yeux étincellent, je peux m'en apercevoir à dix mètres ! Dès que la porte de la cabine se referme derrière nous, nous nous précipitons l'un vers l'autre et, sans réfléchir, nous nous embrassons passionnément, fiévreusement. C'est le premier vrai baiser depuis que nous nous sommes rencontrés, il y a une éternité. Nous sommes comme aspirés l'un par l'autre, un élan d'une intensité inouïe me traverse le corps et l'esprit. Je l'aime, je l'aime, je l'aime... Cet abandon est si absolu, si immense, si incontrôlable que nous savons toutes et tous le nommer lorsqu'il nous tombe dessus. On n'y échappe pas. En tout cas moi, je n'y échappe pas, j'appartiens à cette catégorie de personnes parfaitement incapables de contenir une goutte de cette immense chambardement du cœur. Pour le meilleur, et même si ce genre de sentiment totalitaire a forcément quelque chose de dévastateur, mortifère.

Alors, bien sûr, nous suffoquons, nous avons beaucoup de mal à reprendre notre souffle ! Mais a-t-on envie de respirer un autre air que celui de l'être avec lequel nous sommes définitivement connectés dans ces instants ? Philippe parvient néanmoins à prononcer ces paroles :

« Martine, je t'aime. Je sais que c'est toi... Et qu'il n'y aura personne d'autre. Seulement je ne peux pas te demander de me suivre. Parce que, sur le papier, me suivre c'est en grande partie accompagner ma vie en cellule pendant vingt ans, au moins. Alors, je ne t'en voudrais pas si tu décidais de tout abandonner, de fuir devant cette histoire d'amour morcelée et contrariée que je te propose. D'ailleurs, je te demande de bien réfléchir avant d'accepter : si tu me suis, si tu me dis "oui", c'est comme un engagement pour la vie, j'ai besoin de savoir cela, car si jamais tu lâchais ma main en cours de route, je ne le supporterais pas. Je ne veux pas souffrir par amour. Si tu n'oses pas me dire les choses en face, attends un peu et puis écris-moi. Désolé, je ne sais pas comment te dire les choses autrement. »

Je resterai toute la durée du parloir la gorge nouée, incapable de prononcer plus de deux mots à la fois, incapable de lui répondre surtout. Pourtant, intérieurement, j'ai déjà scellé un pacte inaliénable avec lui. Le soir, en rentrant, je lui écris ces mots simples : « Le moment de vérité est arrivé Philippe : oui, oui je t'aime, oui je t'accompagne, oui je ne vais jamais te lâcher, oui je te suis à perpétuité. » Je n'ai pas encore trente ans et je ne sais pas du tout où je vais, mais j'y vais en courant, déterminée. Je pense que, même si Philippe n'a jamais douté de l'intensité de mes sentiments à partir de ce jour, il lui a fallu des mois et même des années pour être convaincu que jamais je ne briserais ce serment d'amour.

Ensuite nous allons demeurer plusieurs jours, une éternité, sans pouvoir nous revoir, suspendus l'un comme l'autre à la distribution du courrier. Nos lettres toujours plus passionnées, bien que très pudiques, vont commencer à nous raconter l'un à l'autre, à construire notre romance. Un matin, en plus du message tant attendu de mon aimé, je découvrirai dans ma boîte aux lettres un courrier officiel : l'enquête de la maréchaussée a permis de m'accorder la mention favorable, j'ai donc droit à la remise d'un prix que j'attendais éperdument, mon permis de visite définitif, un permis d'aimer Philippe dans l'enceinte même de la prison. Le permis d'être une femme de parloirs[1].

---

1. Vous pouvez retrouver mes « impressions de parloirs » page 187.

VIII

Printemps 1979, les Baumettes. Je retrouve l'homme qui m'a tellement manqué pendant dix années trois fois par semaine. Entre nous, malgré les murs, il y a une sorte de fougue. Nous avons échangé nos premiers baisers. Nous apprenons à nous découvrir, à croiser nos vies, nous projetons nos envies. À l'extérieur, nous aurions vécu ces mois en forme de passion torride. C'est évident.

Rapidement, l'un comme l'autre, nous sentons qu'il va être très difficile d'éteindre complètement nos désirs. Nos sens n'ont pas encore été congelés par trente années de privation. Je suis tétanisée à l'idée d'en parler à Phil et lui, par pudeur et respect, il n'ose aborder le sujet. Le hasard ou plutôt un acte manqué nous a aidés à briser la glace. Un jour, en effet, je me présente au parloir en jupe. Évidemment, notre échange est encore plus osé. Et Philippe en vient naturellement à évoquer la question taboue. Sans se démonter, il m'explique que nous pouvons essayer de faire l'amour, que c'est extrêmement risqué, que si nous sommes pris en flagrant délit c'est la grande punition pour lui et l'interdiction de parloirs pour moi, mais qu'il en rêve et qu'il est prêt à prendre le risque. Il m'assure qu'il essayera de faire en sorte que les choses se passent le mieux possible. Mais, bien sûr, il veut être certain que j'en ai envie. « À ton avis ! », lui ai-je lancé en l'embrassant fougueusement.

Ce jour-là, en le quittant, je lui promets que, désormais, pour les prochains parloirs, je viendrai en jupe. Un accessoire devenu un code. Au cours des semaines suivantes, nos désirs incontrôlables et une certaine irresponsabilité, nous permettent, grâce à la complicité de camarades d'infortune de Philippe simulant des crises d'hystérie pour attirer l'attention, d'échapper à la vigilance des matons. Trois fois exactement. L'aspect furtif de nos jeux d'amour m'amusait un peu, je n'avais pas encore conscience que, tant que Philippe serait bouclé, mon horizon sexuel ressemblerait invariablement à cet acte si désincarné. On ne fait pas l'amour en prison.

Quelques semaines vont passer avant qu'un matin, Philippe me regarde d'un air un peu étonné et me glisse : « C'est drôle Martine, mais j'ai l'impression que tu as davantage de poitrine ! C'est pas un signe qu'une femme est enceinte, ça ? » Je n'ai aucun symptôme, aucune nausée, je suis toujours aussi mince. « N'importe quoi ! »

Pour en avoir le cœur net et pour nous rassurer, j'achète néanmoins un test de grossesse. Positif ! Au parloir suivant, j'annonce la nouvelle : « Tu vas être papa, je suis effectivement enceinte et j'ai bien l'intention de garder l'enfant ! » Philippe pousse un immense cri de joie et, bientôt, quelques larmes coulent sur ses joues. « Martine, tu es bien sûre de vouloir ? Tu sais, ça va être compliqué, tu vas devoir l'élever seule pendant encore longtemps, je serais à côté de toi mais jamais là physiquement.

– J'y ai déjà réfléchi. Nous allons être parents, c'est merveilleux. Pour le reste, on verra ! »

Je suis heureuse comme n'importe quelle future maman et j'ai envie d'annoncer la bonne nouvelle à tout le monde y compris à mes parents. Deux mois vont s'écouler avant que je me décide à me lancer en saisissant l'opportunité d'un reportage télé. En effet, alors que je dînais chez eux ce soir-là, une enquête sur les prisons cite le chiffre de douze bébés nés du fruit des amours défendues à la centrale de Saint-Maur. Curieusement, mon père se tourne vers moi et me demande :

« À la prison, ils vous donnent une chambre ?

– Non, tout se passe dans un parloir équipé d'une table et de chaises.

– Mais, ils vous traitent comme des animaux ! Comment ces gens ont-ils pu concevoir un enfant dans de telles conditions ?

– Chacun fait comme il peut, tu sais. Philippe et moi, ça ne nous a pas empêchés et je peux te dire que dans quelques mois tu seras une nouvelle fois grand-père ! »

J'ai asséné l'évidence comme ça et, un instant, j'ai pensé que mon père allait s'étrangler. Il m'a regardé éberlué, a repris son souffle, a lancé un regard à ma mère qui, affligée, avait baissé la tête. Puis, il m'a souri : « Si tu es heureuse, c'est le principal ! »

Philippe a vu mon ventre s'arrondir au fil des parloirs. Les surveillants ont compris que « la duchesse » n'allait pas s'envoler de sitôt. Et puis, notre fils Christophe est né. Au mois de novembre. Trois semaines plus tard, il franchissait les portes d'une prison. Je voulais absolument qu'il fasse connaissance avec son père. Personne ne pouvait lui interdire ce droit. Philippe n'osait pas le toucher. « J'ai peur de le contaminer ». J'étais bouleversée. Ensuite, j'y suis allée une fois par mois. C'était à chaque fois l'enfer pendant la fouille. Les surveillants le déshabillaient pour inspecter l'intérieur de sa couche. L'horreur pour lui, pour moi. Il arrivait en hurlant au parloir. J'ai préféré espacer les visites. La prison, ce n'est définitivement pas la place d'un enfant. Cet univers est encore plus dur, plus néfaste pour un petit, même s'il est un simple visiteur. À l'intérieur, les gamins sont toujours « plus » quelque chose, plus amorphes, plus agités, plus fragiles.

Christophe avait six ans lorsqu'il a compris que son père était en prison. À l'époque, Philippe était incarcéré à Clairvaux. En sortant du parloir, notre enfant m'a simplement dit : « Maman, mon papa n'est pas dans un hôpital. Il n'y a pas de pistolets, ni de messieurs en noirs, ni de barreaux dans un hôpital. » Il ne m'avait jamais rien dit et, à l'école, il racontait à ses copains que son père était loin à cause de son travail. Je n'osais pas le contredire. Qu'est-ce qu'on peut expliquer à un petit pour justifier l'enfermement ? Progressivement, il a compris et il s'est construit une image duale de son père : il était à la fois admiratif et en même temps, il m'a toujours répété que, jamais, il n'aurait une vie comme la sienne. Vers dix ans, il ne cessait de vanter les mérites de l'honnêteté. Pendant toutes ces années, Philippe a toujours suivi scrupuleusement la scolarité de son fils, s'inquiétant de sa santé, de ses humeurs.

Notre fils a bien grandi, il approche les trente ans. Il mène une brillante carrière aux États-Unis. Il est devenu très exigeant avec son père, l'avertissant qu'il supporterait très mal la moindre bêtise le jour où il sortira. Je ne veux pas en dire plus. Son histoire lui appartient. Il m'a demandé de rester le plus discrète possible. Lui n'a pas choisi.

Christophe a indéniablement quelque chose de particulier. Il sait qu'il a été conçu dans une immense passion mais aussi dans l'illégalité. Pour moi, sa simple existence, sa réussite, son énergie sont autant de preuves qu'il vaut mieux parfois enfreindre les règles du trépas carcéral si l'on veut tenter de donner un peu de sens au mot avenir.

Il y a Christophe, notre fils, mais il y a aussi Sandrine, mon aînée, celle qui a tout partagé avec moi. Sandrine a toujours su laisser une belle place dans son cœur pour son beau-père incarcéré. Le plus difficile pour elle a probablement été la période où Philippe a été libéré en conditionnelle en 1990. Elle avait 15 ans et avait pris l'habitude de vivre seule avec sa mère. Elle jouissait d'une certaine liberté, commençait à s'émanciper comme n'importe quelle adolescente. Et puis, un beau matin, comme ça, un homme qui n'avait pas connu l'air libre depuis 15 ans a fait irruption dans sa vie. Sans qu'elle ne demande rien. Elle a dû accepter de modifier certaines petites règles. Pas simple à avaler pour une jeune fille. Il y a eu quelques tensions, des discussions, des mises au point. Philippe n'était pas forcément des mieux armés pour gérer cette situation. Pendant quelques mois, j'ai joué au juge de paix entre eux. Ils se sont apprivoisés. Sandrine a compris qu'elle ne perdait rien et que sa mère pouvait enfin vivre son amour au grand jour. Aujourd'hui, elle écrit régulièrement à Phil, son beau-père tellement absent et pourtant si omniprésent. Surtout, sa fille, ma petite-fille Isis, a noué un lien très fort avec Phil, son grand-père. Un jour, peut-être qu'elle vous racontera elle aussi...

IX

Février 1980. Notre premier anniversaire de couple hors norme. Je suis encore pleine d'espoir. Notre fils est superbe. En dépit de ces cinq années d'enfermement, Phil manifeste une incroyable envie de vivre. Nous évoquons souvent le bout du tunnel. Comme pour le rapprocher, réduire le temps. Une tragédie va saccager nos rêves pour plusieurs mois. La mort de Taleb.

Aujourd'hui encore, à chaque fois que Philippe évoque son « frère », Taleb, il est bouleversé. Même s'il n'a jamais reconnu sa participation au braquage de l'avenue de Breteuil, Phil a toujours admis être proche, très proche de Taleb Hadjaj, son « complice » dans l'affaire de Breteuil. Il n'a jamais renié le lien puissant qui le liait à cet ami de jeunesse.

Encore plus enragé certainement contre le système carcéral que Phil, Taleb a clamé à plusieurs reprises sa révolte et ce dès le début de son incarcération en 1975. Ainsi, quelques semaines après sa condamnation à perpète, il a co-signé, avec François Besse, un autre détenu, texte qui est resté comme l'une des critiques internes les plus justes et les plus saisissantes des Quartiers de haute sécurité, les infâmes QHS. Même si les QHS n'existent plus, qu'ils ont opportunément changé de nom en devenant des quartiers d'isolement, hautement sécurisés ou pas, ce texte décrit encore si bien une réalité, il m'évoque tellement entre les lignes ces états désespérants à travers lesquels mon mari a si souvent navigué que je devais, pour lui, pour Taleb, pour tous les autres, vous livrer ces quelques lignes :

« Voici très succinctement notre vie, notre mise à mort blanche. Des frustrations s'accrochent à nous. Qu'est-ce qu'une fleur, un rayon de soleil, un sourire, une odeur de femme ? C'est l'acheminement vers l'état zombie ou sanguinaire. Être carpette ou égorgeur, voilà notre avenir. On se regarde manger, respirer, marcher comme des scribes. C'est con, mais nous sentons qu'arrivera un jour où nous ressentirons sans pouvoir exprimer. Cette carapace dont nous nous servons pour être moins vulnérables est un cercle vicieux. Elle nous rend durs, mais au sens négatif, pour nous et nos proches. C'est une forme intermédiaire qui transparaît à la longue. Rien ne s'extériorise, l'esprit critique se détériore, les tentatives d'analyses tournent autour de l'individu. Donc renforcement de l'ego. Donc isolement lui interdisant tout renouvellement et mise en question après influence extérieure. Voilà le point important et grave : l'interdiction de filtrer l'esprit de toutes les particules nocives s'accumulant dans l'incarcération. Conséquences : ou action désespérée, ou une aliénation mentale du style paranoïaque ou schizophrénique. Des symptômes apparaissent et nous nous alarmons mutuellement, mais en l'état actuel nous ne pouvons rien pour le voisin et pour nous-mêmes. Nous voulons que ce temps ne soit plus mort. En faire une autre école. Bref, que ces heures propices à la méditation et à l'analyse servent à se poser des questions et à tout faire pour y répondre… […] »

Taleb était un membre actif du Comité d'action des prisonniers (CAP), une organisation fondée par des détenus et d'ex-détenus. Avec Philippe, il appartenait au groupe des « grandes gueules » de l'époque, avec Mesrine, Serge Livrozet, Roland Agret, Roger Knobelspiess. Cette minorité était moins soumise que la plupart des autres détenus. Ces « voyous » voulaient en découdre avec la société et le système. Et ils ne s'en cachaient pas. En 1978, ils avaient même lancé un appel pour réclamer l'abolition immédiate des QHS, une peine de mort déguisée moins spectaculaire et barbare que la guillotine, mais aussi destructrice selon eux. Ce texte a fait beaucoup de bruit à l'époque : « Les QHS sont la forme futuriste de la peine capitale. On y assassine le mental en mettant en place le système de l'oppression carcérale à outrance, conduisant à la mort par misère psychologique. Loin de protéger la société, c'est l'usine à fabriquer les fauves et assassins de demain... » Parmi les signataires de cet appel : Taleb Hadjaj, Roger Knobelspiess, Jacques Mesrine, François Besse, Jean-Marie Boudin, Michel Desposito, Daniel Debrielle... À l'époque, le gouvernement était engagé dans une lutte à mort contre tous les « détenus dangereux ». Le 28 janvier 1978, à Clairvaux, un sous-directeur et deux gardiens avaient été pris en otage par deux détenus qui furent tués par une unité de tireurs d'élite. Quelques mois plus tard, Jacques Mesrine, le « caïd » qui s'était « approprié » le discours du CAP pour se transformer en porte-parole des détenus en lutte s'évadait de la Santé en compagnie de François Besse. Le 2 novembre 1979, il était abattu par la police.

Anéanti par son incarcération, désespéré devant le gouffre des années de privation de liberté, ayant échoué dans un projet d'évasion, écœuré devant l'échec de sa propre vie, Taleb a fini par se suicider dans sa cellule de la centrale de Clairvaux, le 26 février 1980, alors qu'il était au mitard. Il avait 25 ans. Deux jours après, *Le Monde* publiera un communiqué du syndicat des éducateurs intervenant en prisons dénonçant le suicide de Taleb comme « conséquence directe des conditions inhumaines de détention dans les quartiers de sécurité renforcée ».

Avant de se donner la mort, Taleb avait rédigé une lettre visant à innocenter Philippe pour l'affaire de l'avenue de Breteuil. Pas suffisante pour faire réexaminer le triste sort de mon mari.

Quelques semaines après ce drame, Philippe était transféré à Clairvaux. Afin de le briser encore davantage, on l'a collé dans la cellule de son frère Taleb. Le message était clair : « Bientôt, ce sera ton tour El Shennawy ! »

X

Un soir de novembre, ma fille, Sandrine, me téléphone paniquée. Elle me lance : « Maman, regarde vite la télévision, il y a une mutinerie à Saint-Maur, on voit Philippe sur le toit de la prison ». J'allume immédiatement mon poste. Ouf !, ma fille se trompe, ce n'est pas Philippe qu'on aperçoit s'agiter tout en haut du bâtiment. Mais il est bien enfermé dans cette prison centrale depuis plusieurs années et je ne doute pas qu'il soit associé à ses événements. De près ou de loin. Sur le papier, cet établissement est loin d'être le pire, c'est même un modèle pour les nouvelles centrales et les autorités la vendent dans les médias comme une « prison dorée ». Néanmoins, Phil m'a expliqué que les gars sont à bout, qu'il suffit d'un rien pour que « tout craque ». C'est ce qui s'est passé…

À Saint-Maur, les prisonniers géraient eux-mêmes une partie des activités. Ils organisaient les cours pour permettre de passer des examens, ils ont même monté un journal interne et organisé des concerts. En fait, ils grappillaient des morceaux de liberté. Il a suffi qu'un nouveau décret du gouvernement ne rende plus automatique les remises de peine en cas de réussite à un examen pour que la tension monte d'un cran. Un collectif de prisonniers a adressé des lettres de protestation à Albin Chalandon, alors garde des Sceaux. Et un communiqué envoyé à la direction de la centrale pour exiger l'application des remises de peine, des conditionnelles et des permissions de sortie, et l'abolition du mitard se terminait par : « Plutôt que de nous résigner à crever à petit feu, nous préférons, tant qu'à faire, crever dans un embrasement général ».

L'avertissement était lancé. Premier visé : le sous-directeur, haï de la majorité des pensionnaires de la centrale. Quelques mois auparavant, une révolte avait déjà éclaté. Il n'a réussi à faire revenir le calme que moyennant des promesses qui ne seront jamais tenues, avant de faire transférer les meneurs. On peut imaginer le sentiment des habitants de Saint-Maur à l'égard de cet homme ! À son sujet, l'un des détenus écrivait alors : « Avant l'arrivée de ce triste sire, aucun incident majeur ne s'était déroulé mais, depuis, ceux-ci se sont multipliés. [...] Les fouilles corporelles et par palpation se sont multipliées. Au quotidien, les tracasseries intérieures n'ont de cesse. Les acquis, tels que la salle d'activités, nous sont supprimés, prétendument en raison d'une note ministérielle qui veut gagner des places en cellule dans chaque centrale. » Des détenus qui étaient derrière les barreaux depuis des années et encore pour des années, reprenaient un peu d'espoir. Ils n'ont pas supporté cette marche arrière. Les refus d'obéissance se sont multipliés, les révoltes individuelles aussi. La direction s'est encore durcie. Et ça a fini par exploser. Ce sont les « politiques », les nationalistes corses notamment, qui ont mis au point la mutinerie, après s'être assurés de l'aide des droits communs.

Ce 12 novembre 1987, à midi, un détenu grimpe dans un arbre, le seul de la centrale, au milieu de la cour. Il balance tout ce qui lui passe par la tête. Impossible de le faire taire ni de le faire descendre.

Une idée de génie jaillit alors dans la tête du sous-directeur : il n'y a qu'à couper l'arbre. Et en avant la tronçonneuse ! Ce n'est pas le meilleur moyen pour calmer les esprits. La tension se propage, avec des coups sur les barreaux des fenêtres ou dans les portes et, à 17 heures, les détenus refusent de rentrer en cellule[2] et commencent à tout saccager de façon méthodique. La salle de gym est mise à sac en utilisant des haltères. Le directeur veut intervenir. Des mutins l'interrogent sur les remises de peine envolées avant de le capturer, barres de fer à l'appui. Pris en otage, il sera bientôt rejoint par l'aumônier et quelques enseignants.

Les mutins se répandent bientôt dans tous les bâtiments. Ils vandalisent tout ce qui passe à leur portée. Chaque maton croisé est délesté de son trousseau de clés. On ouvre les portes du mitard. C'est la fête. Pas longtemps…

Ceux qui sont montés sur les toits aperçoivent le formidable déploiement des forces de gendarmerie et de CRS. Si assaut il y a, il sera meurtrier. Les mutins ne se font plus guère d'illusions sur la suite des événements. Comme ils n'ont plus rien à perdre, c'est la guerre totale, l'Apocalypse.

Dans la bande des politiques, certains sont artificiers et, avec le matériel et les produits trouvés dans

---

2. En centrale, les portes des cellules sont ouvertes le matin vers 8 heures et refermées le soir vers 17 ou 18 heures. Le reste du temps, les détenus sont libres d'aller et venir à l'intérieur de la prison.

les ateliers, ils réussissent à faire exploser des petites bombes qui causent de nombreux dégâts. Ils transforment également en fusées des bouteilles de gaz qui jaillissent dans la nuit en éventrant les toits.

Par les fenêtres de la détention, le mobilier pénitentiaire dégringole dans la cour. Lavabos, WC, machines à laver, réfrigérateurs, bureaux, tables, chaises, armoires, téléphones... rien n'est épargné. Que ce soit dans les cellules, dans les ateliers, à l'infirmerie, tout ce qui peut être cassé est cassé. La détention est devenue un vaste champ de bataille. Dans la réserve des matons, des détenus ont déniché de la bière, du whisky, du cognac et tout le monde en profite. Des joints circulent. Les cerveaux sont embrumés, certains deviennent encore plus agressifs, des bagarres éclatent entre détenus.

Une grande question agite bientôt les insurgés : que faire des matons retenus prisonniers ? Beaucoup aimeraient se venger des brimades qu'ils ont endurées depuis qu'ils sont enfermés. Une petite minorité est contre. Ils tentent d'expliquer à leurs compagnons que les autorités n'hésiteront pas à tirer dans le tas si les otages sont molestés. Après discussions, les surveillants capturés sont regroupés à un étage et enfermés dans des cellules, sous la responsabilité d'une équipe chargée de leur protection.

Après avoir tout démoli, les insurgés incendient les bâtiments. Ils veulent réduire à néant leur enfer. Des feux naissent un peu partout. À certains endroits, ils se transforment en véritables brasiers. Dans les cellules, les matelas font un combustible de choix. Y compris dans celles où sont bouclés les surveillants otages. C'est à ce moment-là que Phil va intervenir.

Au début, ils sont cinq ou six détenus, dont lui, à s'être enfermés dans leurs cellules. En voyant comment les choses dégénéraient, ils ont préféré rester en retrait, conscients que tout ça finirait mal pour les détenus. Tandis que le feu gagne partout, Phil et son groupe sont obligés de sortir. C'est alors qu'ils croisent un surveillant paniqué qui leur explique que certains de ses collègues sont enfermés. Qu'il ne sait pas comment faire pour les sortir de là. Que s'il tente quoi que ce soit, il risque, lui aussi, de se retrouver bouclé. Que si on ne fait rien, ils vont brûler vifs.

À ce moment précis, ce qu'un maton ne peut pas faire, un détenu comme Philippe, respecté par ses pairs, lui, le peut. Phil va donc trouver l'un des « chefs » des mutins : « Vous êtes fous ou quoi ? Nous ne sommes pas des bourreaux ! S'il y a un maton qui brûle, nous allons tous y passer.

Donnez-moi les clés avant que tout cela ne vire au désastre. » Les autres l'ont écouté et, ils ont cédé en lui donnant les clés.

Quand il est arrivé dans la coursive, il y avait de la fumée partout. Il ne savait pas exactement où étaient bouclés les gardiens, il a dû ouvrir toutes les portes des coursives et des cellules. Quand il les a trouvés, certains étaient déjà à moitié asphyxiés, toussant et crachant leurs poumons. Il sera obligé de les transporter un par un pour les mettre à l'abri. Si Philippe n'était pas allé les chercher, il est certain que des surveillants auraient péri. L'un d'entre eux, aujourd'hui en poste à Fresnes, me l'a encore confirmé il y a quelque temps : « Si Philippe n'avait pas été là, je ne serais pas là en train de vous parler. »

Finalement, la reddition a lieu au petit matin, moyennant la promesse formelle qu'il n'y aura pas de poursuite. Trois ans après, du 23 au 25 avril 1990, quatorze personnes seront jugées en qualité de meneurs et manipulateurs de cette émeute.

Philippe ne dira jamais rien du rôle qu'il a joué durant cette nuit. L'administration l'apprendra par des confidences de matons. Phil a toujours insisté sur le fait qu'il n'était pas un héros mais qu'il avait seulement agi en être humain.

Après l'émeute, tous les prisonniers sont éparpillés. Je ne sais pas où Philippe a été expédié. Ni dans quel état il est. Il est peut-être blessé, brûlé. J'ai beau téléphoner un peu partout, à Saint-Maur, au ministère de la Justice, on ne veut rien me dire. Et il n'y a plus de courrier. Je vais paniquer pendant une semaine avant de recevoir un appel : « C'est moi ! Je n'ai pas beaucoup de temps, car je téléphone du bureau de l'aumônier. Je voulais te rassurer, je n'ai rien. On m'a mis à Douai. Mais ce n'est pas la peine de venir, parce que je ne sais pas combien de temps je vais rester ici… »

De toute façon, même si je rêve d'aller le voir à Douai, ça ne servirait à rien car tous les permis ont été suspendus. Jusqu'à nouvel ordre.

XI

Il a fallu remonter la pente. Lentement. J'ai dû continuer à vivre au rythme insupportable des parloirs, des lettres, des balluchonnages, du mitard, de l'absence, du manque, de l'intensité inouïe de nos retrouvailles. De l'espoir vain d'une hypothétique révision du procès de Philippe. Des avocats célèbres qui se défilaient. De l'argent qu'il fallait trouver pour nourrir ma famille, dehors et dedans. Ah, la « cantine » !, cette formidable invention qui permet à l'administration pénitentiaire de s'engraisser sur le dos des détenus en leur donnant la possibilité d'agrémenter un ordinaire fait de rien ou de si peu. J'ai beaucoup travaillé pour la « cantine », pour que Philippe conserve un minimum de dignité derrière ses grilles, pour qu'il puisse étudier, passer des diplômes, pour qu'il puisse lire, s'évader un peu. Coiffure, restauration, prêt-à-porter... il m'est arrivé de cumuler les emplois. J'ai travaillé pour les billets de trains, les nuits d'hôtels, pour aider Phil à régler l'addition colossale du braquage. Six millions de nouveaux francs, vous vous souvenez ! J'ai aussi travaillé pour nous offrir deux très jolies alliances. C'était en 1988. Nous avions décidé de devenir officiellement mari et femme.

Difficile de dire que ce fut le plus beau moment de ma vie. Il y a eu une sorte de tristesse, de froid au cours de la cérémonie. Toutes les images fabuleuses que j'avais construites à propos de mon mariage, de mon second mariage, de mon seul mariage en réalité, ne pouvaient pas réellement s'épanouir dans cet univers. En somme, ce fut un moment à la fois très émouvant et très éprouvant. Un bonheur dur, pipé...

L'idée de troquer « Sauvadet », mon nom de jeune fille, pour « El Shennawy », nous a traversé l'esprit au même moment. Après neuf années passées « ensemble ». Pendant longtemps, Philippe a écarté cette idée. Par crainte. Il ne voulait pas courir le risque de se retrouver divorcé après deux ou trois ans. Après plus de cent mois d'une fidélité indéfectible, il a commencé à envisager les choses différemment. De mon côté, j'ai eu envie de l'épouser dès les premiers jours de nos retrouvailles. C'était l'homme de ma vie, je l'aimais. Puis peu à peu, je me suis convaincue que là n'était pas l'essentiel, que j'avais mille autres manières de lui prouver que, jamais, je ne pourrais me séparer de lui. Tout bien considéré, comme beaucoup de couples, nous aurions pu continuer à vivre côte à côte, si je puis me permettre cette expression, sans pour autant avoir besoin de se passer la bague au doigt. Nous avions déjà un bébé et le seul véritable manque, l'unique frein à l'épanouissement de notre amour, c'était son enfermement.

En fait, deux éléments extérieurs vont nous pousser à nous unir pour toujours et à jamais. En l'occurrence, nos deux familles.

Après avoir retrouvé Philippe, il m'a fallu annoncer la nouvelle. Mon père a lâché un immense soupir et puis… plus rien. Il était persuadé que j'allais renouer pendant quelque temps, que j'allais jouer les visiteuses quelques mois et puis que je passerai à autre chose. De temps en temps, il me demandait simplement : « Martine, ça continue ton histoire avec ton bonhomme en tôle ? » Et puis, c'est tout. Il a fini par en prendre son parti. Ma mère a eu une réaction plus radicale, plus hostile. Au départ, elle a fait mine d'ignorer, mais lorsque j'ai été enceinte et qu'elle a compris que le père de mon enfant était derrière les barreaux et que, en prime, il s'appelait « El Shennawy », j'ai su que nos rapports seraient désormais détestables. Et elle s'est littéralement déchaînée au décès prématuré de mon père. « Je vais appeler une assistante sociale, je vais lui faire constater que tu emmènes ton fils tous les dimanches en prison et qu'il voit *ci*, et qu'il voit *ça*... Tu es définitivement irresponsable... Je vais te faire enlever la garde de tes enfants... » Ses récriminations n'ont jamais cessé. En choisissant de me marier avec Philippe, c'était une manière claire et nette de lui dire : « Tu ne pourras rien faire ! » Et de me rassurer vis-à-vis de mon fils, Christophe, qui allait bientôt avoir neuf ans.

Du côté de Philippe, de sa famille, les choses étaient également compliquées, pour des raisons plus... financières. À savoir : l'héritage de son père. Celui-ci était un homme fortuné et, à sa mort, il avait laissé des propriétés, des immeubles, des terrains, des exploitations agricoles... Afin de faire valoir ses droits auprès des autres héritiers, Philippe a demandé conseil à un notaire qui a accepté de le rencontrer lors d'un parloir exceptionnel. Après avoir étudié la situation « particulière » de ce client, l'homme de droit lui a expliqué que le meilleur moyen pour lui de ne pas être complètement spolié c'était de... m'épouser. Phil ne pouvant pas directement bénéficier de sa part d'héritage, sa femme et son fils auraient au moins une vie un peu meilleure.

Je me suis immédiatement attelée aux démarches : demandes des actes de naissance, publications des bans à la mairie du domicile de l'un et l'autre des futurs époux. En revanche, pour l'examen prénuptial obligatoire pour la publication des bans, nous avons dû faire sans. Personne ne nous l'a réclamé.

Normalement, la loi oblige à se marier à la mairie. Mais dans notre cas, la dispense accordée par le procureur de la République est automatique. L'officier d'état-civil peut célébrer le mariage au domicile de l'un des deux futurs époux. En l'occurrence, celui du fiancé, la maison d'arrêt de Fresnes !

Après concertation entre le maire de cette commune et la direction de l'établissement pénitentiaire, la cérémonie fut fixée au vendredi 7 octobre 1988. Les témoins devant obligatoirement avoir un permis de visite, nous avons choisi de faire comme de nombreux autres couples en sollicitant des habitués du milieu carcéral. Marie-Antoinette, une ex-assistante sociale devenue visiteuse de prison, a accepté immédiatement ma requête. Philippe, lui, a demandé cette faveur à l'un de ses amis, un être d'une immense bonté qui lui rendait parfois visite et avec qui il entretenait une correspondance depuis plusieurs années : l'abbé Pierre.

Ce vendredi d'octobre, il est 9 h 30 quand nous nous retrouvons devant le portail de la maison d'arrêt. Pour la circonstance, je me suis offert un tailleur-pantalon en lin de couleur ivoire. La semaine précédente, j'ai apporté à Philippe un costume bleu marine, avec une chemise blanche et une cravate. L'abbé Pierre, Marie-Antoinette et moi entrons, déposons nos affaires et nos sacs dans les casiers prévus à cet effet puis nous passons à la fouille. La routine. À une exception près : cette fois, j'ai l'autorisation exceptionnelle de pénétrer à l'intérieur du pénitencier avec deux objets métalliques : les deux fameuses alliances. Des surveillants nous accompagnent ensuite dans la « salle des mariages », en réalité une grande salle de réunion grisâtre. Le maire est déjà sur place, avec le directeur de la prison. Philippe apparaît, encadré par deux matons.

La cérémonie va durer dix minutes, montre en main.

« Je dois vous donner lecture des articles 212, 213, 214 et 215 du Code civil… Les époux se doivent mutuellement fidélité, secours et assistance... » Puis : « Les époux assurent ensemble la direction morale et matérielle de la famille... » Et encore : « Les époux contribuent aux charges du mariage à proportion de leurs capacités respectives... » Enfin : « Les époux s'obligent mutuellement à une communauté de vie... » Les termes de ce discours protocolaire ont quelque chose de surréaliste. Quand le maire nous annonce que nous sommes unis « pour le meilleur et pour le pire », nos regards se croisent avec une étrange lueur mêlant une joie infinie mais aussi la conscience que cette formule, dans cet endroit, à cet instant, a quelque chose de tragiquement grotesque. « C'est une formule que je suis obligé de dire », s'excuse d'ailleurs le maire. Viennent ensuite les signatures, la remise du livret de famille, l'échange des alliances, le baiser fougueux... Je suis désormais madame El Shennawy...

Notre voyage de noces se limitera à un parloir de deux heures. Dans une pièce à côté, un bureau sordide avec une table surchargée de dossiers. On nous y enfermera en nous laissant tranquilles. Malgré l'interdiction, j'ai apporté avec moi un peu de champagne, dissimulé dans la doublure de mon manteau. Un mariage sans bulle serait-il un mariage ? Nous trinquons sans nous quitter du regard, sans prononcer un mot. Une immense mélancolie envahit peu à peu la pièce. Le regard de Philippe se voile. Cet instant de paradis pour des millions et des millions de couples dans le monde sonne étrangement dans nos cœurs. J'ai très envie de pleurer. « J'aimerais tellement être dehors... », me lance l'homme que je viens d'épouser. Je ne dois pas sombrer maintenant. Il faut lui montrer combien ce moment compte pour moi, pour nous, pour lui. Je lui prends doucement la main, l'enserre dans les miennes avant de la couvrir de baisers. Ensuite ? Nous nous sommes offerts une brève « nuit de noces ». Pour le meilleur.

« Parloir terminé ! » La sentence cingle au moment où le surveillant ouvre la porte. Nous devons quitter la pièce, nous séparer déjà. J'embrasse tendrement mon mari une dernière fois avant de me retrouver propulser dehors. Un livret de famille à la main et une alliance au doigt. Je me sens frustrée, vidée. Je fonds en larmes.

Marie-Antoinette, l'abbé Pierre et Laure, une amie du ministère de la Justice, tentent de soulager ma peine. Philippe, mon mari, n'a personne pour l'accompagner. Imaginez un peu : une union express suivie d'une séparation sèche et d'une longue solitude. Il a tenté de m'écrire sa joie dès qu'il a regagné sa cellule. Derrière la gaieté et la beauté de ses formules, j'ai cru déceler un bonheur étouffé.

Le lendemain, après une nuit de pleurs et une très longue lettre pleine de mon amour à Philippe, je suis au travail et, le mercredi suivant, je me retrouve au parloir. Notre vie doit continuer. Comme avant.

XII

Avril 1989. Après avoir été examinée par une commission composée des surveillants et du directeur, sa demande de libération conditionnelle reçoit un avis favorable. Moins d'un an après, en mars 1990, sa « condi » est acceptée. Si on peut imaginer que son rôle « positif » lors de l'émeute de Saint-Maur et que sa « volonté sincère de rachat et de réinsertion », manifestée notamment par l'obtention de plusieurs diplômes, a joué en sa faveur, le ministère de la Justice ne lui fait pas non plus un immense cadeau. En effet, depuis 1985, la perpète de Philippe a été commuée en vingt ans. Ce qui signifie qu'il a effectué bien plus que la moitié de sa peine. Et qu'il peut donc bénéficier du régime conditionnel comme tout détenu.

Pour préparer son avenir, on lui accorde une permission de sortie afin de faciliter sa « réadaptation » – c'est le mot qui est employé. Cinq jours de liberté. Après quinze années passées à l'enfermement. C'est insuffisant pour atterrir dans le monde normal, mais pour nous, c'est énorme. Surtout, c'est comme un avant-goût de la conditionnelle.

Je vais enfin pouvoir vivre avec mon mari. Il y a si longtemps que j'attends cet instant.

À 7 heures, après avoir passé la nuit dans l'hôtel où j'ai mes habitudes, je suis devant la porte de la centrale de Saint-Maur. Pas question que je rate le premier pas de Phil dehors.

À 8 heures pile, la porte s'ouvre. Il sort. Il marche vers moi, un peu maladroitement. La lumière du jour l'éblouit. Je me précipite vers lui. Je me jette dans ses bras. Un moment magique, inoubliable, une sorte de nouvelle naissance.

Depuis 1979, depuis onze ans, chaque fois que nous nous sommes touchés, chaque fois que nous nous sommes embrassés, chaque fois que nous avons eu un mouvement d'affection l'un vers l'autre, nous avons toujours eu une épée de Damoclès au-dessus de la tête, toujours eu des yeux menaçants autour de nous. Et là, plus besoin de se cacher, d'avoir peur. C'est comme une immense délivrance, un formidable soulagement qui n'en finit pas de nous envelopper.

Après avoir repris ces esprits, Phil me demande une faveur, il veut aller prendre un bain. Pas une douche, un bain ! Le symbole d'une liberté retrouvée ! Il va barboter pendant une heure et demie dans la baignoire et vider la moitié des shampoings, avant de daigner en sortir pour enfiler le costume et la chemise achetés pour l'événement. Il se regarde dans la glace, tourne sur lui-même et prend des poses de mannequin comme un ado qui sort pour la première fois avec une fille. Il est à peine 10 heures du matin et je viens de faire sauter le bouchon de la deuxième bouteille de champagne.

Ensuite, nous quittons l'hôtel direction Paris car nous sommes attendus pour déjeuner. Et aussi pour dîner. Pendant ces premières heures, Philippe est totalement grisé. Il absorbe tout avec ses yeux, dévore chaque centimètre du paysage, me dévisage sans cesse. Cent fois, il me répète : « C'est incroyable, je suis dehors, libre, libre ! » Et aussi : « Je t'aime ». Je nage dans une douce euphorie. J'ai l'impression de sortir d'une longue convalescence. Le futur prend de nouveau un sens.

Ce premier soir, nous regagnons le « domicile conjugal » vers 4 heures du matin. C'est notre première nuit de couple. Notre vraie première nuit. En me déshabillant, je pense à quelque chose d'ahurissant : voilà un homme avec qui je suis mariée depuis trois ans, avec qui j'ai eu un enfant il y a onze ans, mais avec qui je n'ai jamais pu avoir un vrai moment de tendresse, un vrai câlin, qui ne m'a jamais vue nue et avec qui, dans quelques minutes, je vais me retrouver dans un lit pour la première fois. Je me sens empruntée, mal à l'aise, gênée. L'humour de Phil, son tact vont me permettre de lâcher prise. Pour aimer un homme libre.

Pendant ces cinq jours, nous allons vivre à un rythme d'enfer. Rentrer toutes les nuits à l'aube pour tenter de rattraper quelques miettes de toutes ces années perdues. Nos journées vont se transformer en de véritables marathons. Pas étonnant qu'à leur retour derrière les barreaux, les permissionnaires dorment pendant vingt-quatre ou quarante-huit heures d'affilée. Des jours de fête et d'amour qui vont s'écouler à une vitesse vertigineuse.

Je vais aussi pouvoir me rendre compte, effarée, des conséquences des détentions longues sur le comportement des individus.

Tout d'abord, l'espace. Phil est habitué à des cellules qui font neuf mètres carrés, où le nombre de ses pas est constamment le même, à des couloirs très étroits où il ne se déplace qu'en file indienne lorsqu'il est avec d'autres détenus. Il a perdu la notion des distances. Pendant ces journées, il ne cessera de se cogner contre les coins de table, les chaises... Il se démolira même l'épaule et le bras en rentrant dans la porte-fenêtre du balcon... pourtant ouverte. Chez certains détenus, ce « chamboule-tout » peut durer plusieurs mois.

Il y a le bruit également. Dans les prisons, c'est relativement calme. Il y règne une sorte de silence feutré où les seuls bruits marquants, hormis ceux des télés que certains font hurler et des cris de temps en temps, sont ceux des portes qui s'ouvrent et se referment, et le cliquetis des clés. Dehors, le brouhaha leur donne très vite mal à la tête. Le deuxième jour, Philippe m'a demandé d'aller dans une grande surface. Quinze ans qu'il n'avait pas vu un hypermarché ! Au début, il était comme un gamin dans un magasin de jouets. Il voulait tout voir, trouvait tout incroyable, me demandait de tout acheter. Au bout d'une demi-heure, il a fallu battre en retraite, il avait la tête comme dans un étau.

La lumière du jour est un calvaire aussi. Ils en ont perdu l'habitude, la seule sortie à l'extérieur se réduisant à l'heure de la promenade. Le reste du temps, ils sont enfermés. Au mitard, c'est pire, ils vivent quasiment dans le noir. Tous les anciens taulards ont des problèmes de vue. Nous étions en mai et Philippe n'a pas quitté ces lunettes noires du lever au coucher du soleil.

À cela s'ajoute la peur de la rue, de l'agitation, de la circulation. À plusieurs reprises, j'ai senti Philippe paniqué, perdu lorsque nous marchions dans Paris.

Et puis il y a des habitudes… En cellule, il n'y a pas de poubelles. Alors on jette tout dans la cuvette des toilettes. Donc, à la maison, Philippe trouvait normal d'en faire autant. Après avoir mangé, il se levait, débarrassait la table et… direction les WC pour vider les assiettes sales.

La nuit qui précède son retour en cage, Phil et moi ne réussissons pas à dormir. Nous sommes étourdis par ces instants et déjà inquiets par ceux qui vont suivre. Philippe leur doit encore deux mois avant de pouvoir enfin goûter à une vraie liberté… sous condition.

XIII

Soixante jours atrocement longs. Le grand jour arrive. Philippe est libre. Avec un contrôle judiciaire, certes, mais libre quand même. S'il s'est battu pour en arriver là, je pense avoir joué mon petit rôle. Car, pour décrocher une conditionnelle, en plus de la « volonté sincère » évoquée précédemment, il est nécessaire de remplir deux conditions. D'abord, avoir un hébergement. Comme nous sommes mari et femme, chez moi c'est chez lui. C'est LE domicile conjugal. En revanche, partant du principe que l'oisiveté est mère de tous les vices, pas question, pour l'administration, d'accepter qu'un « conditionnel » se tourne les pouces : le libéré en puissance doit pouvoir justifier d'une occupation. En clair, il lui faut un emploi. Et donc un employeur. Ce qui sous-entend qu'il va me falloir trouver la perle rare, qui accepte d'engager un homme de 45 ans qui ne peut présenter, pour tout certificat de travail, que son casier judiciaire.

Du jour où la demande de conditionnelle de Philippe reçoit un avis favorable, tous mes moments libres, tous les jours de congés, je les passe au téléphone, l'annuaire des professions ouvert devant moi à la rubrique « Informatique ». Philippe a un diplôme, autant essayer !

Pendant six mois, j'appelle tout ce que le département compte d'entreprises spécialisées. Sitôt que j'ai raccroché avec une, je téléphone à une autre. Et encore, et encore !

D'emblée, j'annonce la couleur : « Mon mari sort bientôt de prison, mais il doit avoir un travail. Il a un diplôme d'études supérieures en informatique. Vous n'auriez pas un poste disponible ? » Après avoir passé environ trois cents appels infructueux, je finis par décrocher un rendez-vous.

Je fonce. Accueil charmant. Je plaide la cause de Philippe, je ne cache rien. Je le vends même si bien que le patron de l'entreprise finit par me dire : « Si votre mari vous ressemble, je le prends à l'essai. Je considère qu'on a tous droit à une nouvelle chance dans la vie. Votre mari a manifestement payé sa dette à la société. »

Problème : sa conditionnelle est normalement assortie d'une interdiction de séjour dans la région parisienne. Devant mon insistance, le ministère de la Justice accepte néanmoins de lui accorder une dérogation pour le Val-de-Marne, à la fois pour son domicile et pour son travail. En revanche, il reste « tricard » dans les autres départements. S'il veut y mettre ne serait-ce que le bout d'un orteil, il doit demander la permission et fournir un tas d'explications.

Samedi 15 mai 1990. Une dernière fois, j'ai fait le déplacement de Châteauroux. À 8 heures, heure légale, Philippe est dehors. À part ses livres, ses photos et son ordinateur, il part sans rien. Il laisse tout derrière lui. Il ne veut rien garder de son autre vie, tout est trop imprégné. Nous allons passer notre premier vrai week-end de mari et femme. Et lundi, Philippe doit entamer son premier jour de vrai travail. Une vie normale nous tend les bras.

Au fil des jours, nous apprenons ainsi à vivre ensemble, nous nous installons tranquillement dans cette vie conjugale toute neuve. Avec, toutefois, un petit bémol : mon mari est insomniaque. Il ne dort que trois heures par nuit. Il a besoin de sortir après le dîner, de profiter. Alors nous partons nous promener jusqu'à minuit-une heure. En rentrant, alors que je tombe de sommeil, lui a besoin de s'occuper, de lire, de faire de l'informatique, de regarder la télé. Comme dans sa cellule. Et jusqu'au petit matin.

Bien entendu, quand il se glisse dans le lit, il me réveille : « Ça va ? » Et si je ne réponds pas : « Tu dors ? » Comment lui en vouloir ?...

À 6 heures, il est debout pour préparer le café. Et comme il connaît encore mal la maison, il ouvre les placards, les referme. Il soupire, il tousse, il met la radio. Ensuite, il enfile un short, des baskets, et c'est parti pour un jogging...

Après un mois passé à ce rythme, je suis lessivée. Et comme j'ai besoin de dormir, nous décidons de faire chambre à part. « La nuit, en prison, c'est calme, explique-t-il pour s'excuser. Alors j'en profitais pour écouter de la musique, ou pour lire, ou pour travailler mes cours. » En prison, Phil vivait avec un temps déphasé. Il pouvait faire la sieste dans la matinée ou l'après-midi, se coucher à 21 heures, à minuit ou à quatre heures. C'est le côté « agréable » pour ceux qui vivent à l'isolement.

Il y a onze ans, aux Baumettes, il m'avait dit : « Tu es la femme de ma vie ! » Combien j'avais eu raison de le croire ! Car il me le prouve tous les jours. Et même dix ou quinze fois par jour. En effet, sitôt qu'il a un moment libre, il me téléphone d'une cabine – les portables n'ont pas encore fait leur apparition :

« J'ai fini avec mon client, je suis en train de boire un café. Toi, tu fais quoi ?

– Je coupe des cheveux.

– Est-ce que tu m'aimes ?

– Oui, je t'aime ! »

Une heure après :

« C'est moi. J'ai fini avec mon client… »

Je me dis que, au rythme où se succèdent ses appels, ma cliente va finir par repartir avec seulement la moitié de la tête frisée ! D'un autre côté, toutes ses petites attentions me comblent de bonheur.

Le premier soir, il arrive à la maison le premier et je le trouve, en short et en tee-shirt, en train de s'activer pour préparer le dîner. Il a sorti absolument tous les ustensiles de cuisine qu'il a trouvés. Comme il lave tout sans rien mélanger, il lui faut quatre récipients pour préparer une salade…

L'enfermement l'a rendu insomniaque mais aussi maniaque de la propreté. Phil se lave les mains toutes les cinq minutes. En prison, à chaque fois qu'on le change de cellule, il réclame un seau, un balai-brosse et de l'eau de Javel. Et pendant quarante-huit heures, il frotte tout, du sol au plafond. Ensuite, tout doit être rangé au carré. En cellule, si quelqu'un touchait à sa pile de chemises – ou à ses caleçons, ou à ses chaussettes –, il s'en apercevait *illico*.

Nous aurions pu continuer à apprendre à vivre ensemble ainsi, tranquillement, à nous découvrir, à enfin nous aimer comme n'importe quel couple si, un matin, sans aucune raison, des policiers n'avaient pas décidé de venir semer le chaos.

Nous étions entrés dans la deuxième quinzaine de juin. Une sorte de routine enchantée s'installait. La vie semblait enfin nous sourire. Ce mardi matin, l'interphone de notre appartement se mit à bourdonner longuement. Deux agents, plutôt agressifs, demandèrent à monter pour parler à Philippe. À peine entrés, ceux-ci lui annoncèrent : « El Shennawy, ta dérogation pour la région parisienne a sauté ! Tu as 48 heures pour faire tes bagages. »

Inutile de leur demander pourquoi, ces deux-là étaient seulement les messagers du désespoir, pas les donneurs d'ordre. Je tentai d'obtenir une explication au ministère. En vain. Phil était indésirable, il devait s'éloigner. Un point c'est tout. Alors tant pis pour ses efforts de réinsertion sociale, tant pis pour son travail, tant pis pour sa vie de couple, tant pis pour son fils de 11 ans et... tant pis pour moi.

Quelque chose ou quelqu'un s'acharnait sur nos envies d'avenir, sur nos projets. Après un moment de profond abattement, sentant que Philippe était sur le point de craquer, je décidais de trouver une solution, coûte que coûte. Il était hors de question qu'il retourne derrière les barreaux. Hors de question. Réagir. Il fallait lui dénicher un endroit où l'air serait respirable. La Corse ! Philippe avait un ex-beau-frère sur l'île de Beauté avec qui il était resté en bons termes et celui-ci venait tout juste de nous annoncer qu'il se lançait dans l'élevage industriel des lapins. Après un coup de téléphone, il accepta de prendre Phil pour gérer l'informatique. Seulement, comme sa société démarrait, il ne pouvait pas le payer : ce serait un échange, hospitalité contre travail.

En quarante-huit heures, je réserve le bateau, et nous filons tous les trois, Philippe, Christophe et moi. Avec une valise chacun. Naturellement, contrôle judiciaire oblige, nous avions averti le commissariat, en faisant une fausse déclaration d'absence pour un mois, les « congés payés » auxquels Philippe avait droit. Comment faire autrement ?

À la fin de l'été, le ministère nous confirma que Philippe était toujours indésirable en région parisienne. Il devait continuer de s'occuper de lapins en Corse. Et moi, je devais vendre mon salon au plus vite pour rester avec lui.

Après avoir passé un mois hébergés chez l'ex-mari de la sœur de Phil dans un village de montagne, je déniche un appartement de deux pièces à louer à l'Île-Rousse et je me trouve un travail. Une coiffeuse me laisse son salon en gérance. Nous ne nous en sortons pas si mal. Philippe a réussi à s'inscrire au RMI, il joue à la pétanque avec les gendarmes chez qui il doit pointer, œuvre au rapprochement entre les lapins et l'informatique. Christophe semble apprécier sa nouvelle vie provinciale. Sauf que...

À la fin de l'été survient un incident, qui n'a l'air de rien *a priori*, mais qui va précipiter la descente de Philippe aux enfers. Malgré l'interdiction du juge d'application des peines de Bastia, Philippe va prendre l'avion pour Paris. Pour un séjour de quarante-huit heures. Une affaire de famille à régler d'urgence. Un aller-retour qui va lui coûter très cher. Fin du premier acte.

Deuxième acte : la vie continue. Philippe commence à évacuer le passé, je le câline, je m'épanouis en me moquant intérieurement de toutes celles et ceux qui m'avaient dit : « Tu verras une fois dehors, c'est plus difficile d'aimer ! ». Phil continue de me téléphoner dix fois, vingt fois par jour. Quand il ne passe pas me faire un petit coucou au cours de l'après-midi.

Un soir, en rentrant, je remarque qu'il est allé faire des courses. Le frigo est plein. Des langoustes, du saumon fumé, du foie gras, du vin, du champagne...

Je m'amuse : « Chic ! C'est la fête ?

– Oui, j'ai invité des amis à dîner ce soir. »

Je vais dans la chambre regarder dans le tiroir où l'on garde l'argent. Tout y est. Mentalement, je fais vaguement le compte : Philippe a acheté plusieurs grands crus à 1 000 francs la bouteille, des produits de luxe. En sortant de Saint-Maur, il a touché son pécule, à peu près 100 000 francs, amassés depuis 1977. Peut-être qu'il le dépense, après tout, il peut bien en profiter un peu !

La semaine suivante, il me demande de lui faire la liste des courses. Je le regarde fixement :

« Tu vas payer avec quoi ?

– Avec ma carte bleue.

– Dis, ne me prends pas pour une idiote ! Le RMI, c'est 3 000 francs ! Comment as-tu obtenu une carte bleue ? Quelqu'un t'amène de l'argent ?

– Pas du tout !

– Alors c'est quoi ? »

Phil sort alors quatre cartes bleues de sa poche et il m'explique qu'une connaissance lui a fourni, pour pratiquement rien, ces moyens de paiement. Excepté ses folies alimentaires, ses cartes lui servent surtout à payer le tout-venant, ses pleins d'essence notamment. J'essaie de comprendre. Si la justice a libéré Philippe, elle lui réclame encore des comptes. À savoir le remboursement du butin de Breteuil, plus les frais de justice. Des sommes folles. Et comme elle saisit la quasi-totalité de ce qu'il peut gagner légalement, il a choisi de se débrouiller... illégalement. Je lui demande d'arrêter ce jeu dangereux.

Troisième et dernier acte : le 5 novembre, quelques jours après le braquage d'un fourgon blindé, rue Choron, à Paris, au cours duquel une connaissance de Philippe s'est fait descendre par des policiers, nous dînons dans un restaurant tenu par des amis corses. C'est le jour de fermeture, nous sommes entre nous. Le téléphone sonne. Un appel pour moi. D'après mon correspondant, une amie a besoin de me voir de toute urgence. Je demande à Philippe de m'accompagner. À peine sortis, nous sommes cernés par des agents de la Brigade de répression du banditisme. Philippe se retrouve menotté et embarqué. Moi avec. Mis en examen pour assassinat et vol à main armée, il est incarcéré à Bastia. Avant d'être transféré à Fresnes une semaine plus tard.

Je préviens immédiatement notre avocat. Je suis sûr que Philippe n'a rien à voir avec cette histoire. C'est un malentendu. Ce n'est pas possible. Ils vont le relâcher.

Mais le cauchemar recommence...

Pour prouver qu'il est impliqué dans l'affaire de la rue Choron, les enquêteurs vont éplucher les listes des passagers de tous les départs de bateaux et d'avions entre la Corse et le continent. Et ils trouvent le nom de Philippe. Les dates ne collent pas ? Il y a presque un an et demi d'écart entre son voyage et le braquage ? Aucune importance : s'il n'a pas directement participé, il a sûrement pris une part active à la préparation. Forcément, pour eux, c'est un braqueur génétique. Parallèlement, l'affaire des cartes bleues trafiquées va faire surface et les policiers ne vont pas avoir beaucoup de mal à remonter jusqu'à Phil. Une deuxième mise en examen tombe et, cette fois, Philippe est bien dans le coup.

Le 29 juin, six mois après son arrestation, sa conditionnelle est révoquée. Quinze ans, ils lui ont remis quinze ans !

Je présume que, lorsque les policiers ont vu qu'ils ne pouvaient pas le mêler au braquage de la rue Choron, ils ont décidé de le faire plonger pour violation de l'interdiction de séjour en région parisienne. Ce qui a entraîné la révocation automatique de sa conditionnelle. Cela permettait aussi à la justice de maintenir Philippe en détention en attendant le jugement pour l'affaire des cartes.

Après plusieurs allers-retours Corse-Paris, je décide de quitter l'île de Beauté définitivement. Je n'ai plus rien à y faire. Surtout, je veux me rapprocher de l'homme que j'aime. Toujours.

XIV

Fresnes, 1995, un jour de parloir. On commence à savoir qui je suis. L'administration pénitentiaire a également compris que je ne laisserai jamais passer ses dérives. Ce jour-là, une jeune femme venue avec son père infirme se dispute avec les surveillants. Ils refusent de laisser entrer le vieil homme installé dans un fauteuil roulant. C'est suspect à leurs yeux et cela bouscule leurs petites habitudes. Manifestement, malgré leurs cris et leurs supplications, les deux visiteurs n'obtiendront pas gain de cause. Je choisis de m'inviter dans la discussion :

« Excusez-moi d'intervenir, mais, parce qu'il est handicapé, cet homme âgé va devoir attendre dehors ? Mais c'est délirant ! Je sais qu'il existe des parloirs spéciaux pour les handicapés...

– Mais madame El Shennawy…

– Il n'y a pas de madame El Shennawy ! Vous pouvez transporter ce monsieur à deux surveillants pour lui faire passer la fouille et ensuite vous l'installez dans un fauteuil de la pénitentiaire le temps du parloir, non ? Ce n'est pas si compliqué ! Et votre mauvais prétexte sécuritaire, il n'existe plus ! »

Je ne leur demandais pas un passe-droit, mais la stricte application d'un article du règlement. Les deux surveillants finissent par convenir que cette solution simple ne leur coûte pas beaucoup d'efforts et ils appellent des collègues pour s'occuper du visiteur. Tandis que je m'apprête, moi aussi, à passer la douane pénitentiaire, une femme s'approche de moi et ose à mi-voix :

« Excusez-moi, je fais partie d'une association… »

Oh la ! Une association ! Il y en a des dizaines qui gravitent autour de la galaxie carcérale. Des rassemblements de sauveurs de l'humanité, des cercles de missionnaires de la bonne morale, des groupements d'étudiants et autres révoltés qui veulent alphabétiser les classes dangereuses, des groupes de femmes de détenus franchement paumées, quelques authentiques engagés contre l'horreur de ce monde clos aussi… J'avoue : j'ai toujours été méfiante vis-à-vis de tout ce qui ressemble à un embrigadement de près ou de loin. Je suis une militante solitaire. Je préfère me mobiliser seul pour Philippe et pour quelques autres. C'est dans ma nature, même si le combat en solitaire n'est pas toujours avantageux. Je tente de faire comprendre à cette dame que je ne suis pas très chaude, pas trop volontaire. Elle insiste : « C'est une radio pour les prisonniers et nous avons besoin de gens comme vous pour témoigner et pour dénoncer les abus. Pour eux, c'est important, vous savez, d'entendre des voix qui les soutiennent... » Devenir une voix qui s'élève contre des aberrations, des humiliations. J'hésite. Lui demande si je peux réfléchir un peu, prends ses coordonnées. Transpercer les murs, ouvrir des brèches, sensibiliser l'opinion grâce aux ondes et à ma parole, il faut absolument que j'en parle à Philippe. Il m'encourage, pour lui et pour ses compagnons. « Si tu peux faire évoluer un tout petit peu mon sort et celui des autres, fonce Martine ! »

C'est ainsi que je suis devenue animatrice éphémère de *L'Envolée*[3], une émission diffusée tous les vendredis soir et écoutée dans un grand nombre de maisons d'arrêt de la région parisienne.

3. *Paris Plurielle*, 106,3 MHz, le vendredi de 19 heures à 20 h 30, et retransmission le lundi de 12 h 30 à 14 heures.

Défendre ceux qui sont à l'intérieur, donner des coups de pied dans la fourmilière, c'est monter au front. Contre les traitements inhumains, contre les dérives du système carcéral, contre les conditions dégradantes et humiliantes dans lesquelles notre beau pays choisit, parfois, trop souvent, d'embastiller les vauriens. Une parole sans langue de bois.

Du coup, l'émission est religieusement écoutée, soigneusement enregistrée, minutieusement décryptée par les autorités. Ce qui prouve bien qu'elle a son utilité !

Le moindre débordement, la plus petite injustice leur permet de pointer les carences et l'inadaptation globale d'un système carcéral régulièrement dénoncées depuis plusieurs années par de multiples organisations humanitaires. À travers les ondes, ils peuvent fustiger l'horreur quotidienne vécue par ceux qui sont dans les quartiers de sécurité renforcée ou à l'isolement. Fouillés dix fois par jour, avec la lumière en permanence dans la figure sans pouvoir dormir, est-ce un traitement digne de l'humanité au XXIe siècle ? À Gradignan, par exemple, Philippe avait une cellule qui mesurait 7 mètres carrés et sa « promenade » se déroulait dans la cellule à côté, laissée vide à cette intention. Ne doit-on pas informer les citoyens de notre pays ? Et les brutalités des ERIS, les Équipes régionales d'intervention et de sécurité créées en 2003, ces superflics de l'administration pénitentiaire qui déboulent en pleine nuit dans les cellules en tenue de commando, armés et cagoulés, cognant sur tout ce qui bouge, est-ce acceptable ? Doit-on fermer les yeux et rester bouche cousue parce qu'ils molestent de la supposée vermine ? Et celui qui est pris d'une rage de dents pendant le week-end et qui se tape la tête contre les murs pendant deux jours parce que personne n'en a rien à fiche, est-il normal qu'il souffre parce qu'il est derrière les barreaux ?

Toutes les lettres de détenus que reçoit *L'Envolée* sont lues à l'antenne. Sans censure. Brutes de décoffrage. Que cela plaise ou non.

Mes prises de paroles se nourrissent parfois des demandes directes de famille qui me croisent au parloir. Souvent une connaissance leur a dit : « Si vous voulez qu'on évoque votre cas à la radio, essayer d'en parler à madame El Shennawy ». Dans les jours qui suivent, une personne désespérée vient me trouver pour me dire ; « Mon fils, on lui a fait ci... » ; « Mon mari, il a eu ça... »

L'Envolée, c'est un peu une émission de service public. D'ailleurs, s'il le faut, une animatrice ne se gêne pas pour appeler directement un directeur de prison ou un magistrat. Je me souviens ainsi d'un détenu à la limite de la folie à Fresnes. Une juge avait délivré un permis de visite à sa mère, une femme de 72 ans qui habitait à quatre cents kilomètres de Paris, mais elle refusait d'en donner un à ses enfants qui habitaient Paris. Le malheureux n'avait donc jamais de parloir. J'ai appelé la magistrate en question pour lui demander comment elle pouvait justifier une telle aberration. Après une quinzaine de minutes de conversation, elle m'a avoué qu'elle n'avait pas prêté attention à ce « détail » et m'a assuré qu'elle allait réexaminer sa position. Une semaine plus tard, l'homme recevait sa première visite.

J'ai donné mon numéro de portable à l'antenne, j'ai un peu l'impression d'être devenue Madame « SOS Prison ». On m'appelle pour que j'écrive des lettres, pour que j'aide à remplir des papiers, des formulaires. Ou pour servir d'« agent de liaison ». Actuellement, j'ai dans mon portefeuille « bonnes œuvres » deux détenus dont les femmes sont à Londres et ne peuvent pas venir. Je leur téléphone, je leur donne des nouvelles.

Grâce à la radio, j'ai aussi trouvé le moyen de parler à l'homme que j'aime *via* les ondes, presque tout le temps. Et quel que soit l'endroit où Philippe se trouve. En province, il existe toujours au moins une station locale qui dispose d'une émission au cours de laquelle les auditeurs peuvent envoyer un message à un proche ou faire une petite dédicace musicale. Dès que je suis sur place, je repère celles qui sont les plus simples d'accès, les associatives le plus souvent, et je multiplie les appels téléphoniques en utilisant des pseudonymes. Pour multiplier les messages. Je fais d'ailleurs la même chose par SMS avec les émissions matinales diffusées sur M6.

Parfois, je vais beaucoup plus loin. Je me rends au siège de la radio qui me semble la plus sensible aux questions de société et je tente de convaincre un responsable de me laisser libre-antenne pendant une heure ou deux afin d'animer une petite émission pour les détenus. Lorsque j'obtiens son accord, ce qui est assez fréquent, j'attaque en général l'antenne de manière *soft*. Inutile d'affoler les auditeurs. Et puis, peu à peu, ma voix s'affûte, mes accusations deviennent plus précises. Je finis souvent par révéler la face cachée des établissements de la région.

Tous ces gens qui me téléphonent pendant des mois, parfois même la nuit pour me supplier d'apporter un peu d'espérance *via* les ondes disparaissent souvent du jour au lendemain, sans un mot, une fois leur affaire « arrangée ». J'ai beau me dire que ma prise de parole a certainement servi à quelque chose, que seuls les remerciements m'importent, que la sombre destinée d'un détenu et des siens s'est éclairée le temps d'une émission, je me sens toujours comme abandonnée. Un peu plus seule. Comme devant un micro coupé.

XV

« Si c'est comme ça, je ne rentre pas en détention. Sans toi, la vie, ça ne vaut pas le coup. Alors si on doit se quitter, autant que je reste dehors… » La crise couvait déjà depuis quelque temps, mais ce vendredi de juin 1997 elle éclate, brutalement. La raison ? Une accumulation d'ennuis qui fait que je me sens anéantie. Je suis dans un tunnel dont je n'arrive pas à voir le bout.

Depuis que Philippe a été incarcéré, tout lui dégringole dessus. Il y a l'affaire des cartes bleues pour laquelle on lui a collé une mise en examen pour vol à main armée, homicide et tentative d'homicide. Volé au cours du braquage d'une banque, ce lot de cartes bleues a été écoulé auprès de plusieurs personnes. Si Phil s'en sert pour des dépenses domestiques, d'autres ont recyclé leurs cartes pour se procurer les armes nécessaires à un autre hold-up.

Heureusement, pour une fois, Philippe échappe au scénario catastrophe. La Cour d'assises de Limoges ne le condamne « que » pour le recel, et celle de Paris pour association de malfaiteurs. On lui présente la facture devant la Cour d'assises de Limoges : deux ans. Plus quatre ans à Paris. Coup de chance, pour une fois : quatre plus deux égalent... quatre, les deux peines étant confondues.

Dans la foulée, on tente de l'impliquer dans une affaire d'évasion à Châteauroux, dans laquelle on cherche un responsable. Une histoire qui date de 1991, à l'époque où Philippe se trouvait en Corse. Comme il connaît l'évadé en question, les policiers l'habillent en complice de choc. Leur dossier est vide – pas une déposition, pas un témoignage, pas une confrontation, pas une preuve, pas un indice, il n'empêche qu'il repart pour un nouveau tour de manège judiciaire. Il lui faudra attendre 1996 pour obtenir son non-lieu.

La désespérance s'installe. Chez lui et chez moi. Trop c'est trop. Quand on arrive à sortir un peu la tête de l'eau, un nouveau coup arrive, qui nous fait retoucher le fond. On n'y croit plus. Je craque, il craque, nous craquons... La permission de quatre jours qu'on lui a accordée ne pourra rien changer. Je suis à bout, cette parcelle de liberté ne suffit pas à éponger les peines, à dissoudre un immense sentiment de gâchis.

Cette tension va avoir des conséquences dramatiques.

Sa liberté a un goût trop amer. Le soir qui précède son retour en prison, Philippe me trouve en larmes. Naturellement, il me demande ce qui ne va pas. Que lui répondre sinon que j'en ai assez de la prison, des parloirs ?... « Ce n'est pas de toi que j'ai marre, mais de toute cette vie... » Et pour être sûre qu'il comprenne bien, je le hurle. C'est la première fois.

Pendant un long moment, il ne dit rien. Puis, d'une voix à la fois tranquille et profondément triste, il m'annonce qu'il ne regagnera pas sa cellule de Bapaume, qu'il va fuir pour se construire une autre vie. Que je dois l'accepter, qu'il m'a assez fait souffrir. Nous passons une nuit atrocement silencieuse.

Le lendemain matin, je le laisse à la gare. Il me l'a demandé. J'ai une horrible appréhension. Non, il ne va pas oser. On ne lui pardonnera jamais... Je suis pétrifiée. Ce n'est pas possible. Il ne peut pas faire ça.

Le soir même, le directeur de la prison me téléphone. Philippe n'est pas rentré, il y a un mandat d'arrêt lancé contre lui.

Deux jours après, je me retrouve en garde à vue.

Pendant deux semaines, je n'ai pas de nouvelles. Je tourne en rond en me traitant de tous les noms.

Et puis un soir, à l'heure du dîner, deux hommes sonnent chez moi, deux vieilles relations de Phil : « Si tu veux voir ton mari, il t'attend... »

Je retrouve Philippe dans un restaurant des Champs-Élysées. Il me propose de partir sur le champ pour un week-end en amoureux à Deauville.

Grâce à un propriétaire peu regardant à partir du moment où on le règle en cash, nous allons trouver une « planque » à Montreuil pour Philippe.

Les policiers n'étant jamais bien loin derrière moi, je retourne à mon appartement montmartrois le plus souvent possible. Et je ne rejoins Philippe qu'en prenant un maximun de précautions de Sioux. Première règle : toujours agir comme si on était filé et se débrouiller pour semer l'adversaire réel ou supposé. Je fais des détours, je change de direction, j'entre dans des immeubles inconnus et je ressors par la cour. Si je me sens suivie, je ne viens pas. Je ne vais jamais non plus directement de chez moi à chez lui : on se retrouve dans un cinéma ou dans un restaurant. Et lorsque nous nous quittons, nous fixons le prochain rendez-vous : tel jour, telle heure, tel endroit.

J'ai dû être une bonne élève puisque les agents qui s'étaient lancés à mes trousses m'ont avoué que je les avais semés à plusieurs reprises.

Deuxième règle : la ponctualité. En cavale, la précision à la minute près est mère de sûreté. Jamais le moindre retard. Jamais en avance non plus : ça laisserait le temps aux flics de monter un piège. Dans ces cas-là, je tourne, je vais boire un café ou je me fais cinq ou six stations de métro. Et, bien entendu, interdiction d'utiliser le téléphone portable. En effet, si le sien est impossible à repérer – un appareil acheté dans un pays étranger, avec la puce d'un opérateur d'un autre pays –, le mien est branché en permanence ou presque sur haut-parleur dans les locaux de la Brigade de répression du banditisme.

Entré dans la clandestinité, Philippe a également renoué avec ses habitudes illégales. Je ne lui pose aucune question. On ne peut pas vous reprocher des choses que vous ignorez.

Il n'empêche qu'on bouge beaucoup, aussi bien en France qu'à l'étranger. Surtout aux Pays-Bas où il passe le plus clair de son temps. Pour se déplacer, c'est l'avion ou la voiture. Toujours des grosses cylindrées, Mercedes, BMW... Prêtées ? Louées ? Je préfère ne pas savoir.

Philippe est d'autant plus à l'aise qu'il a des papiers parfaitement en règle, toute la série, passeport, carte d'identité, permis de conduire... et même carte de police, des « balourds » de première main, des faux d'une qualité irréprochable. Les vrais, ils sont à la maison. Bien rangés avec le papier qu'on lui a remis comme à tous les détenus permissionnaires ou libérés pour leur servir de pièce d'identité.

Sa cavale de quatre mois va prendre fin de façon brutale. Avec moi à ses côtés.

Au cours de la deuxième quinzaine d'octobre, il se rend directement des Pays-Bas au sud de la France pour se faire refaire un nouveau jeu de papiers d'identité. Ce qu'on appelle une « doublette ». Je le rejoins là-bas, chez son fournisseur, un Corse spécialisé dans le faux en tout genre, monnaie, papiers d'identité, cartes à la demande...

Nous passons quelques jours chez lui et, une fois Philippe en possession de ses faux papiers, celui-ci nous propose de nous déposer en voiture à Bordeaux. Le 23 octobre, nous roulons dans la voiture de Félix, une immense américaine rouge.

Ce que nous ignorons, c'est que, ce même jour, sur la même autoroute, a eu lieu une saisie record de résine de cannabis. Tout ce que le service régional des douanes compte de fonctionnaires est sur le pied de guerre. Avec barrages, contrôles renforcés et tout ce qui s'ensuit.

Arrivés au péage, nous tombons sur une patrouille. Mais alors que tout pourrait se passer normalement, Félix commence à paniquer, ce qui n'échappe pas à l'œil aiguisé des gabelous. Qui décident d'entreprendre une vérification plus poussée. Félix présente ses papiers, je montre les miens. Ceux de Philippe sont dans son blouson, qui se trouve dans le coffre de la voiture. Il descend, va à l'arrière et, au moment où il prend le vêtement, son pistolet tombe de la poche.

Aussitôt, c'est le branle-bas de combat. En trois secondes, Félix est menotté. Quatre hommes me sortent de la voiture et me jettent brutalement par terre. Je hurle de douleur. Philippe, qui a toujours un couteau sur lui, saute sur un douanier pour le prendre en otage. Un acte désespéré, voué à l'échec. Mais comme il l'a dit mille fois : « Je préfère en finir, me faire buter, que de retourner en taule ». Phil ne va lâcher son couteau qu'en m'entendant crier, en voyant que je souffre.

Nous nous retrouvons tous les trois en garde à vue. Pour moi, les choses se passent relativement bien, que pourrait-on me reprocher ? Philippe, en revanche, se retrouve épinglé pour tentative d'homicide, qui se transformera en coups et blessures avec armes, ainsi que pour port d'arme et détention de marchandise prohibée, le pistolet étant de fabrication étrangère. Plus, cela va de soi, pour évasion.

Quant à Félix... Son angoisse incontrôlée avait une raison : chez lui, les policiers vont découvrir un attaché-case bourré de billets de 200 francs. Faux. Une empreinte de Philippe figure sur l'un des billets, ce qui vaudra à mon mari une nouvelle mise en examen pour contrefaçon.

La note pour cette cavale de quatre mois et demi risque d'être colossale. Je m'attends au pire. En réalité, celle-ci se décomposera en trois parties. D'abord celle de la Cour d'assises de Toulouse, en 2000 : acquitté pour la contrefaçon, Philippe prendra huit ans pour détention de fausse monnaie. Une condamnation revue et corrigée par la Cour d'assises d'Agen en 2003, après cassation, et ramenée à cinq ans. Puis celle du tribunal correctionnel de Bordeaux, en 2001 : un an pour évasion et trois ans pour les violences et les armes. Enfin, celle de Rouen, en 2006 : dix ans pour braquage.

Ainsi, depuis la suppression de sa conditionnelle en 1992, Philippe a déjà pris trente-huit ans.

Trente-huit ans et pas une goutte de sang sur les mains.

XVI

Philippe a toujours été normal. On l'a pourtant déclaré fou en 2000. Son tort ? Avoir voulu attirer l'attention ! Parce qu'il n'en pouvait plus. Parce qu'il se sentait basculer. Parce que ses années d'isolement, son statut de DPS, ses vingt-cinq années presque ininterrompues dans l'antichambre de la mort le ravageaient littéralement.

Il venait d'être transféré – une fois de plus – à Fleury-Mérogis, et placé – une fois de plus – à l'isolement. Le pire endroit dans la pire des prisons. Pour un oui, pour un non, c'est fouille au corps. Nu. Il sort de sa cellule pour aller à la douche : fouille. Il arrive à la douche : fouille. Il ressort de la douche : fouille. Avant de rentrer en cellule : fouille. Une fois, deux fois, trois fois... Normalement les fouilles servent à garantir la sécurité, là, elles étaient seulement destinées à l'humilier, le punir, lui ôter toute dignité.

À bout, Phil a fini par entamer une grève de la faim illimitée. Il refusait tout, les repas, les perfusions, n'acceptant que les bouteilles d'eau, il délirait aussi. Inquiet devant la détermination de ce détenu, le directeur de la prison a appellé à l'aide le préfet du Val-de-Marne. Lequel a délivré un ordre d'internement. Et Philippe s'est retrouvé embarqué de force et sous camisole direction l'Unité pour malades difficiles (UMD) de Villejuif, sûrement la plus abominable des quatre qui existent en France.

Il va sans dire que, ce jour-là, personne ne m'a prévenue de quoi que ce soit. C'est en arrivant pour le parloir que j'ai appris qu'il était parti « se faire remettre le cerveau à l'endroit », comme je l'ai entendu dire élégamment.

Obtenir un permis de visite pour la prison, ce n'est pas toujours simple. Mais s'agissant de Villejuif, cela relève carrément du « fait du prince », à savoir le psychiatre maison. Que j'appelle immédiatement : « Il est absolument impossible que vous veniez pour le moment. Votre mari est gravement malade et se trouve actuellement sous traitement. »

Le traitement ? Un bien grand mot quand il s'agit de trois semaines de camisole de force et de piqûres, histoire de transformer Philippe en légume pour de bon. Le médecin me reçoit dix jours plus tard. Nous parlons, je reviens à la charge pour le permis.

« Je suis désolé, ce n'est vraiment pas possible. Vous êtes trop vindicative, vous risqueriez de perturber votre mari ! Il faudra attendre encore un peu. »

Quand je me retrouve sur le trottoir, je suis désemparée. Pour la première fois, j'ai l'impression que je suis totalement impuissante. On a décidé d'éliminer psychologiquement mon mari et je ne peux rien faire.

Je tombe en dépression, implore le psychiatre qui finit par accepter de demander au préfet qu'il m'accorde le permis. Je l'obtiens dix jours plus tard. Lorsque j'arrive à Villejuif, je vois des gens avec des sacs remplis de produits alimentaires. J'interroge quelqu'un :

« On a le droit d'apporter à manger ?

– Bien sûr ! Non seulement on a le droit, mais c'est indispensable. Parce que ce qu'on leur sert à manger, c'est vraiment immonde. »

Je fais demi-tour, direction l'épicier arabe qui est juste en face de l'entrée. Quand je ressors du magasin, j'ai un énorme sac dans chaque main : des yaourts, des gâteaux, du chocolat, des jus de fruit... Au moins, Philippe pourra améliorer l'ordinaire.

À l'entrée du pavillon, il y a, bien entendu, un portique de détection. Un « infirmier » dépose tout ce que j'ai apporté dans un casier – encore vide – au nom de Philippe et me fait entrer dans le réfectoire, une grande salle qui sert de parloir collectif meublée de petites tables autour desquelles se trouve déjà beaucoup de monde. Je m'assois en attendant qu'on aille chercher Philippe.

Dix minutes après, lorsque je le vois arriver, je reste paralysée. Lui, si soigneux et tellement élégant, est maintenant habillé d'un pyjama informe avec des tongs aux pieds. Et lui, si svelte auparavant, doit aujourd'hui avoisiner les cent kilos, si ce n'est plus, et se traîne péniblement en se retenant au mur. Mais qu'est-ce qu'ils lui ont fait ? Mon mari n'est plus personne, il est comme un sac de médicaments.

Je me lève pour l'aider, il me tend les bras, vient tout contre moi, pose sa tête sur mon épaule et se met à pleurer comme un enfant. Je le fais asseoir doucement. Il n'y a pas cinq secondes que je suis à côté de lui qu'un infirmier se précipite : « Non ! C'est interdit. Vous devez vous asseoir en face. Il peut être dangereux ! Y compris pour vous ! »

Je suis abasourdie. Qui sont les fous dans cet établissement ?

Évidemment, interdiction aussi de s'embrasser... Ici, c'est sécurité avant tout, avec portes blindées et verrouillées en permanence, et abrutissement programmé.

Pour résumer la vie dans ces UMD, deux mots suffisent largement : sommeil et neuroleptiques. Le tout à haute dose pour mieux assommer les pensionnaires, les transformer en zombies.

Tous ces cachets, Philippe essaye de les recracher. Au moins au début, Alors, on l'attache. Et puisqu'il ne veut pas des petites pilules, on le pique.

À midi, on fait lever les pensionnaires. On emmène déjeuner au réfectoire ceux qui peuvent marcher, les autres mangent au lit. Retour à la chambre. Nouvelle sortie éventuelle pour un goûter – un bol de thé et deux biscuits – et ils sont à nouveau enfermés jusqu'à l'heure du dîner. Leur seule vraie sortie, c'est le parloir... à condition d'avoir des visites. Naturellement, pas de télé dans les chambres : ils n'y ont droit que deux ou trois soirs par semaine. Et encore, pas trop longtemps.

Philippe, lui, ne quitte ce qui lui tient lieu de chambre, une sorte de cage à lapins très étroite et dépouillée au maximum, que lorsque je viens le voir.

Le reste du temps, il le passe entre son lit et sa chaise, sans aucune promenade.

Après quelques semaines d'un tel régime, si l'on n'est pas dérangé en entrant, il est certain qu'on l'est en sortant. Moi-même j'ai l'impression que je le deviens.

Aller à Villejuif est un véritable calvaire. Philippe est tellement « shooté » que je ne sais plus quoi lui dire. Je lui parle de mon travail, des enfants, je montre des photos. Lui se tait. Il est toujours à deux doigts de pleurer. Bien sûr, il est content de me voir, mais il se rend compte que je souffre. Et il fait tout pour abréger la visite.

Plus le temps passe, plus je perds pied. Chaque fois que je repars, je suis à la limite du malaise. Un jour, les pompiers viennent me ramasser dans la rue, juste devant le portail de l'hôpital. Je suis tombée, d'un seul coup, sans crier gare !

Alors, peut-être par lassitude, peut-être par lâcheté, pour la première fois je vais commencer à décrocher, sans l'avouer à Phil. Je lui raconte qu'avec mon travail, ça devient de plus en plus difficile de venir, que tous les jours, ce n'est plus possible. Je commence à espacer les visites pour ne plus m'y rendre que le dimanche. Avant de ne plus y aller du tout.

Un dimanche, en effet, alors qu'on l'a certainement piqué juste avant mon arrivée tellement il est ailleurs, le regard perdu, avec la bave qui lui coule au coin des lèvres, il me regarde d'un air de chien battu. Tout bas, il me demande : « Tu ne veux plus revenir, hein ? » Je hoche la tête. Je lui donne ses affaires, je l'embrasse doucement, je lui dis au revoir et je m'en vais.

Pendant de nombreux mois, je ne le reverrai plus. Des dizaines de jours où je serai malheureuse à hurler. Car je l'aime toujours autant, je l'aime plus que tout au monde... Mais voir ce qu'il est devenu, je ne peux pas, c'est au-dessus de mes forces.

Je lui écris un peu. Il me répond. Des lettres illisibles, avec des gribouillis dans tous les sens. J'ai régulièrement des nouvelles par son avocat. Et je téléphone toutes les semaines au médecin. Qui me répond systématiquement : « Il va bien, il prend ses médicaments. »

Ce qui est sûrement vrai puisque, au bout d'un certain temps, on le renvoie à Fleury-Mérogis. Où les méthodes sont restées les mêmes. Moyennant quoi, Philippe, qui ne voit pas pourquoi il accepterait aujourd'hui ce contre quoi il se battait hier, reste claquemuré dans sa cellule. Ce qui lui vaut de retourner à Villejuif. Qui le renvoie quelques mois plus tard à Fleury. Qui le réexpédie à nouveau... Un jeu destructeur qui va durer quatre ans, jusqu'à son départ pour Montfavet, une autre UMD dans les environs d'Avignon.

C'est à cette époque que la Cour d'assises de Toulouse a condamné Philippe pour cette affaire de faux billets. Et, aussi bizarre que cela puisse paraître, les jurés n'ont pas tenu compte de cette folie que lui reconnaît l'administration et qui aurait pu jouer en sa faveur pour atténuer la sentence. Philippe ne serait sain d'esprit que le temps d'un procès ? Je m'étonne que les sommités de la psychiatrie ne se soient pas encore penchées sur ce qui demeure un beau cas d'école !

C'est par l'avocat de Philippe que je suis avertie de son départ pour Montfavet. Là-bas, le régime est peut-être un peu moins sévère. Il y a un jardin, des ateliers de travail manuel dont un, de pâte à modeler, que Philippe se chargera bientôt de transformer en manufacture d'armes factices.

J'hésite à m'y rendre. Y aller plusieurs fois pour ne plus avoir le courage d'y retourner, ce serait une souffrance inutile que je ne veux pas lui infliger. Et le jour où je décide de faire le voyage, c'est parce que je suis certaine de tenir le coup. Au fil des semaines, je le vois lentement remonter la pente. Le premier dimanche de mars 2004, au moment de mon départ, Phil me chuchote: « Ne viens pas à la prochaine visite. C'est inutile. Je t'expliquerai. »

Je ne demande aucune explication, j'ai compris. Je n'essaye pas de le dissuader. Si j'en avais eu la possibilité, il y a longtemps que je l'aurais aidé à réaliser son projet.

Il y a quinze ans, le Comité européen pour la prévention de la torture et des peines ou traitements inhumains ou dégradants a conclu dans un rapport, après une visite à Montfavet, que cette UMD était « porteuse d'un risque constant de traitements inhumains et dégradants ». La situation n'a pas évolué depuis. À Montfavet comme dans les autres UMD.

XVII

Dimanche 7 mars 2004. La nuit est tombée. Dans la salle de télé du pavillon « Esquirol 2 », à l'UMD de Montfavet, ils sont deux « patients », que deux des cinq infirmiers présents ce soir-là sont allé chercher vers 21 heures pour leur permettre de regarder la télévision. Ahmed Tahar, 27 ans, condamné à perpète pour assassinat. Et Philippe. La soirée se passe calmement. Dans quelques minutes, on les raccompagnera à leur « chambre » et ce sera l'extinction des feux.

Peu avant la fin du programme, Philippe se lève pour aller aux toilettes. C'est là que, quelques jours auparavant, il a dissimulé dans le faux plafond un pistolet confectionné en pâte à modeler. Si celui-ci ne peut guère faire illusion le jour, la nuit, la ressemblance est tout à fait acceptable.

Et ce soir, le moment lui paraît propice pour mettre son projet à exécution, s'évader pour ne pas crever.

Lorsqu'il revient dans la salle de télévision, il a en main son « arme », cachée sous un blouson qu'il a raflé au passage, et un couteau qu'il met sur la gorge d'un des deux gardiens. Sous la menace de son arme, il se fait remettre les clés d'une salle et y enferme l'un des geôliers infirmiers. L'autre va leur servir de chauffeur. Car Ahmed Tahar a décidé de se faire la belle lui aussi.

Le trio quitte l'UMD, sort de la ville, direction la liberté et la région parisienne. Très vite, l'équipée tourne court, le gardien réussissant à leur fausser compagnie à Orange. Les deux fugitifs se retrouvent dans une situation délicate d'autant qu'ils n'ont pour tout vêtement que les pyjamas trop grands de l'hôpital et le blouson qu'a embarqué Philippe.

D'un commun accord, ils décident de repartir vers le Sud, se fondant du mieux qu'ils peuvent dans le paysage, dormant à la belle étoile, se nourrissant tant bien que mal. Après plusieurs jours d'errance, ils se font surprendre un soir par le propriétaire d'une grange où ils ont trouvé refuge pour la nuit.

Une âme charitable, qui accepte de les dépanner en leur donnant à manger et en les accompagnant en voiture jusqu'aux environs de Marseille.

Philippe refusera toujours de donner son nom, ne voulant pas le mettre, en guise de remerciements pour sa bonté et sa gentillesse, sous le coup d'une possible mise en examen pour complicité d'évasion ou association de malfaiteurs.

Dès les premières heures qui suivent l'évasion, la Brigade de répression du banditisme me met sous surveillance.

Déposés sur le parking d'un restaurant par leur bienfaiteur, Phil et son compagnon aperçoivent un jeune couple qui se dirige vers une voiture immatriculée dans la région parisienne. Des amoureux descendus passer deux jours dans le Midi. Philippe se précipite : « Le week-end est fini. Vous allez faire demi-tour ! » Et pour bien se faire comprendre, il montre le blouson qui cache son chef-d'œuvre de modelage.

Quelques heures plus tard, les passagers « clandestins » débarquent à la porte d'Orléans. Au fil des heures, les rapports entre les deux fuyards et leurs otages se détendent. Si bien que le propriétaire du véhicule leur donne 30 euros pour qu'ils puissent prendre un taxi.

Philippe se fait conduire à Créteil. Avec Tahar, qui commence à ne plus aller très bien. En manque de médicaments depuis plusieurs jours, il se plaint d'avoir faim et soif, il tremble, il a peur « d'halluciner », comme il dit. Philippe doit l'abandonner s'il veut s'en sortir.

Il s'est évadé en mars et, pendant plus de six mois, je n'aurai pas de nouvelles. Tous les matins, j'achète *Le Parisien*. Tous les soirs, je regarde les infos à la télé. Aucune nouvelle. C'est le signe qu'il est toujours dehors. Et puis, un matin, je trouve une lettre dont je reconnais l'écriture entre mille.

Je sais maintenant où joindre Philippe, si j'en ai envie, mais je dois attendre son feu vert. C'est d'ailleurs ce qu'il demande : « Ne t'inquiète pas, je vais bien. Je suis chez des amis, à la campagne, où je me retape car il fallait vraiment que je me refasse une santé, que je soigne ma "folie". Je ne peux pas encore venir te voir, je risquerais de me faire prendre, mais sois patiente. Quand je serai vraiment en forme, je viendrai te chercher. »

Trois semaines plus tard, nouvelle lettre. À l'intérieur, une puce de téléphone : « Voilà ton portable, et voilà mon numéro ! » Nous avons maintenant tous les deux des numéros étrangers. Me voilà avec deux téléphones, un qui lui est exclusivement réservé, et l'autre, celui dont tous les policiers hexagonaux connaissent le numéro par cœur et qu'ils peuvent écouter en toute tranquillité.

Dès que reçois la puce « intraçable », j'appelle Philippe :

« Mon amour, tu me manques. J'ai terriblement besoin de te voir.

– Ne t'affole pas, c'est pour bientôt ! »

Effectivement, la semaine suivante, en sortant du magasin, il est là, au volant d'une voiture. Comment croire qu'il est en cavale ?

Nous nous retrouvons souvent dans Paris, pour des dîners en amoureux. Il n'y aura jamais d'alerte sérieuse. Sauf peut-être un soir, où en allant à une soirée organisée par une célèbre agence de mannequins et où Philippe est invité, on tombe sur un contrôle routier. Mais il est en smoking, ses papiers semblent authentiques, il fait bonne impression, alors les policiers nous laissent repartir.

Pour d'autres rendez-vous, en revanche, il me faudra me livrer à un véritable jeu de piste. Avec rendez-vous dans des endroits très peuplés, style grands magasins, précautions contre d'éventuelles filatures, départs dans des voitures conduites par des inconnus et changements de véhicule en cours de route – parfois même une moto –, modifications fréquentes des itinéraires...

Quand il n'est pas à la « campagne », Philippe est souvent aux Pays-Bas. Où il songe à s'établir de façon définitive. Mais pour cela, il lui faut une identité qui tienne la route. Et où demander un passeport, sinon à la mairie ?

Il dépose donc une demande à la mairie de Créteil, accompagné d'un extrait d'acte de naissance sur lequel tout est vrai, sauf le nom. Pour obtenir ce vrai-faux document, il lui a suffi de frapper à la bonne porte et de payer en conséquence. Philippe El Shennawy s'appellera désormais Patrick Louis. Et, c'est inscrit sur un passeport tout ce qu'il y a de plus authentique, délivré par la Préfecture de police.

Mais, même les plus méfiants commettent des erreurs. Et Philippe va en commettre une. Énorme.

Il dispose de plusieurs portables, qui fonctionnent à partir de réseaux étrangers. Plus un autre, français celui-là. Qu'il utilise de temps en temps pour des appels anodins, *a priori* sans danger. Seulement, le danger est souvent là où on ne l'attend pas. En l'occurrence, un dealer arrêté quinze jours auparavant.

Dans sa voiture, les stups ont découvert une telle quantité de coke que le marchand de poudre a toutes les chances d'écoper d'une très lourde condamnation. Afin de limiter les dégâts pour lui, cet individu va balancer Phil.

Le mardi 15 février, dans l'après-midi, mon mari est à Créteil pour chercher son vrai-faux passeport. Il doit le signer en présence du fonctionnaire. Les flics le savent et ils l'attendent de pied ferme.

À 14h45, au moment où Patrick Louis se présente devant le guichet pour retirer le document, ils sont vingt à lui tomber dessus.

À 15h15, deux policiers débarquent dans le magasin. Après avoir perquisitionné, ils m'emmènent chez moi. Lorsqu'on arrive, Philippe est sur le palier, menotté dans le dos, serré de près. Le regard qu'il me lance, la détresse que je lis au fond de ses yeux, je crois que je n'oublierai jamais.

XVIII

En mars 2007, devant la Cour d'assises du Vaucluse, où les deux fuyards ont été jugés, Tahar a été reconnu irresponsable et acquitté. Il était tellement heureux qu'il a sauté au cou de Philippe et qu'il lui a donné sa casquette Snoopy, « pour le protéger des démons ». Philippe, lui, a pris deux ans.

Ce procès a été particulièrement éprouvant. J'ai vraiment cru qu'on allait lui recoller perpète. Parce qu'il s'était échappé d'un asile.

Heureusement, le dernier jour, tout a basculé. D'abord avec la déposition de Gabriel Mouesca, le président de l'Observatoire international des prisons. Puis avec la déposition d'un infirmier qui a expliqué que Philippe se traînait comme un animal à bout de forces et qu'on l'attachait pour le piquer. À un moment, Philippe s'est levé et l'a interrompu :

« Dites-nous ce que vous faites le matin avec les détenus…

– On les réveille et on les lève.

– Et ensuite ?

– On les pique !

– Et puis ?

– On les descend dans la salle, en bas.

– Et après ?

– Et après ? Rien ! »

Et se tournant vers les jurés, Phil a lancé : « C'est pour ça que si j'étais resté à l'UMD, je serais mort. Pour survivre, je n'avais pas d'autre solution que de m'évader… »

Certains avaient les larmes qui perlaient au bord des yeux. Avant de se rasseoir, Philippe a encore ajouté : « Si j'avais pu, j'aurais emmené tout le monde. »

C'est ce même infirmier qui est venu me trouver, pendant une suspension d'audience : « Je savais bien qu'il n'était pas fou, votre mari. Mais j'avais des ordres, tous les jours il fallait que je le pique. » Depuis, dégoûté, il a quitté la profession.

J'ai toujours détesté assister au procès de mon mari. La bataille est toujours perdue d'avance malgré les efforts de notre avocat Philippe Van der Meulen qui, à chaque fois, ne ménage pas ses efforts pour essayer de limiter la casse. VdM, comme je l'appelle, comprend la douleur de Philippe, et chacune de ses plaidoiries est une charge implacable contre un système pénitentiaire qui produit au mieux des fous, et, au pire, des individus si désociabilisés que la récidive est comme une échappatoire.

À la différence de certains défenseurs de Philippe d'autrefois, des sommités dont je préfère taire le nom, Philippe Van der Meulen n'a jamais été motivé par le montant de ses honoraires pour nous offrir le meilleur de ses compétences. Il est véritablement devenu un ami. Il y a bientôt quinze ans qu'il s'occupe « pour la gloire » de Phil et qu'il me remonte le moral à l'occasion. C'est-à-dire souvent.

Il nous a accompagnés à Limoges où Phil était jugé pour le recel des cartes bleues et où il a pris deux ans. Ensuite à Toulouse, où on lui reprochait d'avoir trafiqué de la fausse monnaie, une accusation fantaisiste qui lui a quand même valu huit ans, ramenés à quatre après la cassation. À Rouen, où Philippe était poursuivi pour un braquage et où les jurés l'ont accablé de dix années supplémentaires. Et enfin, récemment, à Avignon.

Aux audiences, moi, j'arrive toujours très tôt et je me mets le plus près possible du box. À chaque suspension d'audience, j'essaie de m'approcher de lui... Systématiquement, je me fais repousser par les gardes : « Retournez à votre place, interdiction de parler au détenu ! » Lui, quand il entre, il me voit tout de suite. Il me fait un petit signe ou un sourire. À Avignon, c'était un grand sourire. Ce qui lui a valu une réflexion de la présidente de la Cour d'assises : « Nous allons passer quatre jours ensemble et il n'y a pas de quoi s'amuser, monsieur El Shennawy... » Un silence, puis : « Ah ! c'est parce que vous avez vu votre femme... Excusez-moi ! »

Les gens du public, les curieux, les badauds... Au début, j'entends des remarques : « Qui c'est celle-là ? Qu'est-ce qu'elle fait là ? » Ensuite, lorsqu'ils ont compris qui j'étais : « Avec ce qu'a fait son mari, on ne va pas la plaindre... Rien qu'à voir la manière dont elle est habillée, c'est sûr qu'elle a du fric... » Je leur lance un regard dur et ensuite les réflexions s'arrêtent. Après que j'ai été appelée à la barre, je sens chez certains de la compassion.

Pourtant, je n'aime pas témoigner en faveur de mon mari. J'ai toujours l'impression de ne pas dire l'essentiel, de ne pas savoir expliquer tout ce qu'il y a de magnifique en lui, de ne pas suffisamment dénoncer l'acharnement judiciaire et policier auquel nous devons faire face depuis toutes ces années. Mais VdM m'« impose » cet exercice parce qu'il paraît que je « passe » bien. Quant aux questions, je commence à en avoir l'habitude : « Pourquoi êtes-vous avec lui ? » ou « Qu'est-ce que vous lui trouvez ? » À chaque fois, je donne les mêmes réponses : « C'est un braqueur, un marginal, ce qu'il a fait n'est peut-être pas bien, mais il n'a pas de sang sur les mains. Alors j'assume. C'est mon mari et je l'aime. »

À Avignon, quelques femmes qui se trouvaient dans le public sont venues m'embrasser et me rassurer : « Ne vous inquiétez pas, il va s'en sortir ! »

Oui, Phil va s'en sortir... Mais quand ?

XIX

Dans de la Déclaration des droits de l'Homme, l'article 1er énonce que « les Hommes naissent et demeurent libres et égaux en droit ». Dans cette même Déclaration, l'article 6 précise que « la loi doit être la même pour tous, soit qu'elle protège, soit qu'elle punisse ». Il me semble par ailleurs que, dans le mot « justice », il y a « juste ». Même si Philippe n'est pas un enfant de chœur, j'affirme que depuis trente ans il subit un véritable acharnement, que loin d'être éclairée, la justice se fait systématiquement partiale et partielle lorsqu'il s'agit de considérer son sort. Comme si, quelque part dans son dossier, une main invisible censée incarner la société avait tamponné à l'encre rouge : « exclus à perpétuité, condamné au pire ». Il y a quelques mois, par curiosité, pour essayer de comprendre, de trouver une explication rationnelle, j'ai regardé les jugements dans quelques affaires criminelles emblématiques qui ont défrayé la chronique depuis l'incarcération de Philippe.

1977 : Philippe Maurice, qui fait dans la fausse monnaie et la voiture volée, se fait pincer, se retrouve enfermé… et s'évade. Deux ans plus tard, en cavale, et pour éviter de se faire prendre, il tire et tue un policier. Le 28 octobre 1980, il est condamné à mort. Gracié par François Mitterrand, il se transforme en brillant étudiant, accumulant des diplômes prestigieux. En 1999, il bénéficie d'un régime de semi-liberté et obtient sa conditionnelle en 2000, après vingt et un ans de prison.

1984 : Valérie Subra, Laurent Hattab et un troisième larron assassinent un avocat et un commerçant pour les voler. Ils inspireront Bertrand Tavernier pour son film *L'Appât*. Condamnés en 1988 à la réclusion criminelle à perpétuité, ils ont tous les trois été libérés. Elle en 2001, après dix-sept ans d'enfermement, les deux garçons en 2003, après dix-neuf ans.

27 décembre 1985 : le mari de la femme jockey Darie Boutboul est retrouvé assassiné. Arrêtée en

1989, la mère de celle-ci, Élisabeth Cons-Boutboul, est condamnée en 1994 à quinze ans de réclusion pour complicité d'assassinat. Elle a été libérée en 1998, après neuf ans de prison.

Plus récemment en 2002, la Cour d'assises du Val-d'Oise a infligé des peines allant de six mois fermes à douze ans à dix-neuf types poursuivis pour des viols collectifs sur une adolescente de 15 ans. En décembre 2005, Roland Cazaux dit « le chat » a, quant à lui, été condamné à quatorze ans de prison pour trente-six viols. Cinq mois par agression.

Pour mémoire, je rappelle qu'en 1975, Philippe El Shennawy, mon mari, a été accusé d'un hold-up qu'il a toujours nié et que les preuves concernant sa participation n'ont jamais été probantes. Il a été condamné deux ans plus tard à la réclusion criminelle à perpétuité. Pour un braquage au cours duquel pas une goutte de sang n'a été versée. Et l'objet du délit n'a jamais été retrouvé.

Il y a quelques années, à Saint-Maur, monsieur Puaud, l'un de ses « éducateurs », fonctionnaire de l'administration, s'étonnait de la situation pour le moins particulière de Philippe et commençait son rapport de « synthèse éducative » par cette phrase, histoire d'enfoncer le clou : « El Shennawy est l'un des très rares détenus de l'établissement et peut-être même en France à être condamné à la réclusion criminelle à perpétuité sans avoir commis d'homicide. »

Un détenu qui, trente-deux ans après, est toujours dedans ! Un triste record ! J'ai peur de pouvoir affirmer, sans crainte de me tromper, que Philippe est aujourd'hui le plus vieux condamné de France. Pas par l'âge, mais par le nombre d'années passées à l'ombre.

Loin de moi, évidemment, l'idée d'être jalouse de la sanction appliquée à d'autres et encore moins de leur reprocher d'avoir été, si je puis dire, mieux traités, plus équitablement peut-être, que mon mari. Car quel que soit le crime commis, chacun peut espérer ne pas avoir à servir de bouc émissaire social, politique ou moral lors de son procès. On doit seulement appliquer aux délinquants une sanction juste, certainement pas une vengeance collective. L'enfermement, la privation de liberté pour plusieurs années représentent quelque chose de particulièrement dur, éprouvant. L'espoir d'une réhabilitation, d'un retour à la vie ne doivent jamais disparaître. Sauf peut-être pour cette poignée d'assassins véritablement hors normes, en un sens monstrueux, comme les *serial killers*, les prédateurs d'enfants ou les criminels de guerre. Contre ceux-là seulement, notre société visiblement impuissante à comprendre, peut légitimement s'interroger sur leur mise à l'écart à perpétuité. Tous les autres doivent pouvoir savoir que leur chemin n'est pas, pour toujours, à vie, un cul-de-sac morbide, un cube atroce géré par l'administration pénitentiaire. Et tous méritent un peu de mesure.

Dans le cas de mon mari, la balance de la Justice semble complètement déréglée. Il n'y a plus aucun équilibre. Comme si on avait inventé la perpétuité réelle pour un homme avant même que le législateur ose voter un tel projet. Le glaive, cet autre accessoire-symbole de cette même Justice, ne cesse de le frapper. Encore. Et encore.

Un nouveau procès est prévu dans les prochaines semaines. Un procureur a considéré que les deux années supplémentaires attribuées à Phil pour son évasion du pays des fous, ce n'était pas suffisant. Il en réclamait dix !

Une nouvelle épreuve nous attend. Un nouveau combat. Nous allons essayer de ne pas bousiller nos parloirs avec cette histoire. Nous avons encore tellement à vivre, à partager. Car je ne veux pas perdre espoir. J'ai envie de vivre avec mon mari, dehors. Je rêve que nous allions nous installer en Italie. Pour la douceur de vivre, l'élégance des gens, la tranquillité.

Car Phil ne sera jamais complètement tranquille en France. Son étiquette de DPS est indélébile. Lui aussi est condamné à vie. Il sera toujours suspect aux yeux des policiers et de la justice. Un citoyen à surveiller de près. Il devra être vigilant sur ses amitiés. Trois sortants de prison ensemble, c'est considéré comme une association de malfaiteurs. Mais à part des voyous et des avocats, qui a-t-il eu la possibilité de rencontrer ?

Après femme de détenu, femme de fugitif, femme de voyou, femme de fou dangereux, femme de longue peine, il me reste encore femme de sortant de prison à imprimer sur ma carte de visite.

J'ai hâte.

Impressions de parloirs

Impression numéro 1

Obtenir un permis de visite définitif, c'était gagner mon propre morceau de prison. Choisir de dire « oui » à Philippe, c'était devenir une femme de parloir. Désormais, j'allais devoir accrocher ma vie et mon amour à ce laps de temps toujours trop bref dont le tempo m'échapperait de toute façon. Sans que jamais je puisse me familiariser.

Je n'avais évidemment pas conscience de tout cela il y a trente ans. Mes premiers parloirs furent... gais. Comme des petits rayons de soleil dans ma vie, dans celle de Phil. Je le retrouvais pendant ces quelques minutes comme deux amants au début d'une histoire, qui se donne des rendez-vous. J'étais sur mon nuage, j'apportais des brassées de bonheur, d'air libre à Philippe. Je flottais au-dessus de sa cage. Je regardais notre futur en essayant d'habiller en rose le présent. Et puis, peu à peu, la chape carcérale s'est installée. Dans ma tête, dans mon cœur, dans ma chair.

Même s'il rime avec espoir, le mot parloir est profondément lourd. Derrière lui, les termes « enfermement », « contrainte », « frustration », « manque », « absence », « arbitraire » ou tout simplement « peine » résonnent sans cesse. Comme des sirènes sans fin annonçant un bombardement. Chaque parloir est un choc violent.

Le temps des parloirs s'imprime dans une succession de séquences brutes. Une semaine, un mois, six mois, un an, deux ans, dix ans, vingt ans, bientôt trente ans... notre vie commune n'est qu'une vie de parloirs...

Impression numéro 2

Le parloir, c'est l'unique contact du détenu avec le monde extérieur... si l'on excepte ses rendez-vous avec le juge ou au tribunal. C'est aussi son seul moyen légal pour s'évader un peu d'un horizon désespérément clos. Mis en examen ou condamné, n'importe quel détenu a théoriquement le droit de recevoir des visites. C'est la loi qui le dit et le précise dans le Code de procédure pénale. Mais, entre les autorisations, les interdictions et les exceptions, inutile de chercher une logique d'ensemble codifiant les parloirs : elle n'existe pas ! La seule cohérence qui émerge, c'est le flou total. Rien n'est jamais dit de façon bien nette et définitive et il y a toujours au moins un « sauf », un « à moins que », un « s'il y a lieu », un « mais » qui traîne dans les règlements internes des établissements qui permettent tout et n'importe quoi.

Un exemple parmi des centaines ? Il est précisé que les visites ont lieu sans dispositif de séparation. *Sauf* si le chef d'établissement en décide autrement pour des motifs divers et variés. C'est ce qu'on appelle alors communément le « parloir hygiaphone », une vitre percée de petits trous qui empêche de toucher la peau de l'être aimé, de poser une main rassurante sur sa nuque, de lui faire sentir qu'il est encore vivant... Auparavant, c'était la règle générale. Mais la population carcérale qui, même si elle ne vote pas, parvient malgré tout à se faire entendre lorsque le niveau de déshumanisation devient absolument insupportable, en a eu un jour assez de cette barrière de verre sécurit. À force de grèves – de douches, de promenades... – les détenus ont fini par obtenir la fin des hygiaphones. Sur le papier. Officiellement, ceux-ci ne subsistent plus aujourd'hui que pour les pensionnaires du mitard, ces prisonniers privés de tous les « petits luxes » offerts par la vie pénitentiaire.

Autre exemple purement « architectural » de l'ordre kafkaïen qui régit les parloirs : les murets, comme ceux qui nous ont séparés pendant des mois lorsque j'ai retrouvé Philippe aux Baumettes en 1979. Normalement, ils sont interdits depuis 1995. Pourtant, ils subsistent encore aujourd'hui à Fresnes et à Fleury-Mérogis, deux établissements bien connus du grand public. Pourquoi ? Parce que les tuyaux de chauffage central passent à l'intérieur. Je peux jurer que jamais je n'ai ressenti la moindre chaleur transpirant de ces blocs de pierre, jamais. Même lors des hivers les plus rigoureux de ces vingt-cinq dernières années. J'ai tendance à croire que sous ces murets se cache plus simplement une évidence : le « confort » des détenus et de leur famille n'a aucune importance, pas question de faire un « cadeau » aux parias de la société et à ceux qui les soutiennent. À l'intérieur d'une prison, détenu ou proche de détenu, vous n'avez qu'un droit, celui de vous plier à la règle, même si elle est hors-la-loi...

La règle justement, parlons-en. Au registre des droits du détenu, un article du même Code de procédure pénale énonce que tout permis de visite a le caractère d'un ordre auquel doit obéir le directeur de l'établissement pénitentiaire. *Sauf* si le détenu est « matériellement empêché », placé au mitard ou... en raison de « circonstances exceptionnelles ». Voilà qui est suffisamment vague pour ouvrir la porte, non pas des cellules, mais à toutes les mesquineries possibles et les décisions les plus arbitraires. J'en ai subi quelques-unes. Comme ce jour où, alors que tout se déroulait « bien » depuis plusieurs semaines, un surveillant m'a refusé mon temps de parloir à la maison d'arrêt de Bois-d'Arcy, dans la région parisienne. Motif? « On n'a rien à vous dire ! » Désemparée, j'ai immédiatement téléphoné à mon avocat, Me Van der Meulen, depuis le parking de la prison. Après avoir vérifier que mon permis était parfaitement en règle, il m'a dit : « Je téléphone immédiatement au directeur de la prison ». Cinq minutes plus tard, mon nom a grésillé dans le haut-parleur du parking : « Madame El Shennawy, vous pouvez monter ! » Philippe avait été placé à l'isolement mais cela ne lui supprimait pas son droit de parloir. Un maton avait simplement décidé de faire du zèle.

Pour en finir avec ce premier panorama de la tyrannie anarchique qui prévaut au royaume des parloirs, je pourrais ajouter à la liste qu'un surveillant doit pouvoir écouter les conversations, et qu'il peut mettre un terme à l'entretien *s'il y a lieu*. Ce qui permet d'installer une belle sérénité et une grande tranquillité pendant les visites. Je pourrais également préciser que les règlements intérieurs, tous différents d'un établissement à l'autre sont généralement inconnus par les détenus. Le ministère lui-même ignore leur contenu. Chaque directeur d'établissement est le maître absolu dans sa demeure de pierres et de métal. Ce qui est vrai à Fresnes ne le sera pas forcément à Rouen, ce qui est permis à Tulle pourra être interdit à Douai, ce qui est parole d'Évangile à Bapaume sera susceptible de vous valoir la damnation éternelle à Fleury-Mérogis. Il n'y a aucune harmonie. Ici les parloirs durent quarante-cinq minutes, et là toute la journée. À Moulins, les parloirs se déroulent tout le week-end, mais ils ont lieu les après-midi de la semaine à Clairvaux, et les vendredi, samedi, dimanche à Poissy. Chaque changement d'établissement impose une nouvelle organisation de mes visites, de mes déplacements, de mes horaires de travail, sans même parler de l'endroit où je vais me loger, ou des liens même minces que j'ai pu tisser avec telle ou telle autre « femme de... » Plier, s'adapter, encore s'adapter. Pire : au sein d'un même établissement, ce qui sera toléré par un surveillant pourra vous valoir les foudres d'un autre, avec la menace de suppression de permis en guise de chantage permanent.

Les parloirs ? En fait, il n'y a rien à comprendre. Comme pour les détenus, l'administration pénitentiaire vous autorise gracieusement à subir ses diktats, à l'intérieur de ses murs gris.

Impression numéro 3

Chaque visite est un moment brutal. J'arrive du dehors, je vais y retourner. Philippe est à l'intérieur, et il va y rester. On se retrouve projeté comme ça l'un avec l'autre, pour un temps plus ou moins court. On y pense, on en rêve, on l'attend et, à chaque fois, qu'on se revoit, il nous faut un laps de temps pour renouer avec un monde commun, pour reconstruire notre petit cocon, pour nous réapprivoiser. Nos premières minutes sont souvent perdues à rechercher la fusion et les dernières à angoisser sur la fin. Du coup, on ne profite vraiment que du milieu. Mais, gérer ce temps, cet espace comme on gère un rendez-vous chez le coiffeur (et je suis bien placée pour vous en parler !), c'est insensé. On ne s'habitue pas à ça. S'y habituer, ça signifierait s'habituer à sa détention. Est-ce qu'on s'habitue au cancer ? Non, on vit avec en se disant toujours qu'on va le vaincre, qu'on va le dépasser. Moment et lieu mentalement indéfini mais soumis à de terribles contraintes qui nous échappent, on ne peut jamais dire à l'avance : « Tiens, ce parloir, il va être bon » ou au contraire, « il va être mauvais ». En lui apportant l'air extérieur, je ne sais jamais si je vais lui faire plus de bien, ou plus de mal, si cette bouffée d'oxygène va l'étouffer.

Je sais pour en avoir parler souvent avec lui que cette échéance, aussi régulière soit-elle, est un véritable baromètre pour le reste de la semaine, jusqu'à ma prochaine visite. C'est si intense pour nous que nous sommes un peu comme shootés au moment de la connexion et ensuite vient la descente, la dégringolade dans les abysses. Vous imaginez que nous devons concentrer toute notre vie conjugale en 45 minutes parfois une heure, deux au mieux. Nos envies, notre désir, nos manques, nos drames... tout doit tenir en quelques poignées de minutes qui défilent à une vitesse effrayante.

Évidemment, il n'est pas question de se disputer pendant ces instants si courts, si lourds. L'un comme l'autre voulons vivre cette parenthèse dans la plus totale harmonie. Ce n'est pas simple bien sûr de laisser toutes ces valises à l'extérieur de notre box. Parfois, lorsqu'il est vraiment au bout du rouleau, Philippe craque, habille notre temps de couleurs sombres, dures. C'est arrivé de manière particulièrement difficile à cinq ou six reprises. Mais, en vingt-cinq ans, je le répète, même dans les moments les plus bas, Phil a toujours essayé de prendre sur lui, de paraître au mieux, de faire bonne figure. Il ne veut pas emmener toute sa prison avec lui face à moi...

Je sais combien, dans son univers d'enfermé, le parloir, notre rendez-vous, est le lieu et le moment du plus intense bonheur : celui où Phil sait qu'il est face à la femme qui l'aime et qu'il aime. Du coup, il y a comme une sorte de purification pour lui avant les parloirs. Il me l'a d'ailleurs dit à plusieurs reprises. À chaque fois que nous nous retrouvons, il porte un vêtement neuf, propre. C'est comme s'il essayait de gommer un peu de son identité de détenu, d'être seulement un homme. Porter une nouvelle chemise, c'est tenter de se débarrasser de cette affreuse odeur de taule qui envahit tout, cet effluve morbide pire que celle d'une maison de retraite. Cette odeur que j'ai, à chaque fois, l'impression de rapporter en guise de parfum lorsque je rentre chez moi.

Impression numéro 4

Le temps, mécanique si éprouvante pour lui dedans, pour moi dehors. Le temps, course éperdue, source inépuisable de tension. Même lorsqu'il semble s'écouler normalement, comme à l'extérieur, nous avons toujours l'impression qu'il est détraqué, incontrôlable, que son rythme ne nous appartient pas. Depuis toutes ces années.

Ce temps pervers qui nous unit autant qu'il nous use se dilate, rétrécit, accélère ou ralentit en fonction des seuls parloirs. Temps de parloirs, tant de parloirs. Entre ces instants, toujours trop brefs, toujours frustrants parce que justement « on n'a pas eu le temps de... », on vit l'un et l'autre dans des avant et dans des après. Des entre-deux, bien plus longs, bien plus nombreux que ces poignées de minutes où nous sommes physiquement ensemble. Pendant ces heures en creux, où chacun se retrouve seul avec sa gamberge, le parloir passé ou celui à venir déborde. Un parloir occupe ainsi beaucoup de temps avant, pendant notre préparation, lors de mes trajets par exemple, puis il engloutit du temps après, pendant ces minutes et ces heures où il faut se remettre. Pour Phil, ces infinis laps de temps sont bien pires que pour moi, plus dévastateurs : penser, ressasser, interpréter, il n'a que ça à faire dans sa cellule. D'une semaine à l'autre, d'un parloir à l'autre, l'attente est suffisamment longue pour que son esprit incarcéré modifie les paroles que je lui ai glissées, pour « psychoter » comme il dit parfois. La parano rôde, elle se fait envahissante. Phil ne peut pas toujours s'empêcher de revenir sur une parole apparemment en l'air, sur un lapsus, une phrase incomprise lors de ma visite suivante. Et voilà comment nous rongeons notre précieux temps à revisiter mes intentions, à recomposer les mots, à tourner en boucle. Du temps perdu à rattraper le temps passé. Tous les détenus et tous leurs proches vous le diront : « Un parloir, on se le fait cent fois dans sa tête avant et on se le refait cent fois dans sa tête après ». Trop-plein puis vide absolu, un parloir bouffe tout. Peut-être que cela permet de mieux expliquer la tension, les « pétages de plombs », l'hystérie et les cris engendrés par la moindre petite tentative de l'administration pénitentiaire et de ses représentants pour nous montrer qu'eux seuls, en définitive, ont une réelle maîtrise sur nos vies, qu'ils peuvent les minuter, les raccourcir, les arrêter. Deux ordres reviennent sans arrêt à l'intérieur : « Dépêchez-vous ! » et « Attendez ! ».

Et cette emprise absolue peut s'exercer en toute légalité puisque chaque établissement est libre d'organiser les jours, les heures, la fréquence et la durée des visites. Ainsi, d'une prison à l'autre, on passe son temps à s'organiser, à désorganiser des semblants d'habitudes pour mieux en réorganiser de nouvelles. Qui ne dureront qu'un temps. Jusqu'au prochain balluchonnage, jusqu'au prochain transfert vers un ailleurs. Philippe a « visité » 23 établissements dans sa carrière. Certains trois, quatre, cinq fois. Vingt-trois établissements, autant de parloirs, jamais les mêmes règles, puisqu'en trente ans les règlements changent aussi au sein d'un même établissement.

Combien de fois me suis-je brisée le cœur devant la porte d'un établissement alors que j'avais pris un rendez-vous en bonne et due forme des jours auparavant – car pour visiter un détenu, il faut réserver sa place à l'avance ! – pour cause de transfert sans sommation. On avait simplement oublié de me prévenir. Volontairement.

En 2005, par exemple, Philippe a été transféré au Pontet, près d'Avignon. J'avais bloqué huit jours de vacances et pris des rendez-vous pour le mardi, le mercredi et le jeudi. Le mardi matin, je l'ai vu, je lui ai donné son linge, nous avons déroulé notre parloir sans aucun problème. Tout juste si je m'étais agacée de l'empressement d'un surveillant qui à la fin de notre temps avait manifesté une envie d'en finir plus détestable encore qu'à l'accoutumée : « Philippe, dépêchez ! Allez, dépêchez ! Il y a la fouille... » Le lendemain matin, en arrivant : plus personne. Philippe avait disparu ! Il avait été balluchonné après ma visite, en catimini. On aurait simplement pu m'avertir par téléphone avant ma nouvelle visite, non ? Lorsque j'ai posé cette question, j'ai simplement eu droit à ce remarquable : « Il a été transféré. On ne peut pas vous dire où ! » Pourquoi ce mystère ? Je peux, à la rigueur, comprendre que l'administration garde secrets l'heure et le lieu du transfert, un guet-apens sur la route, monté par d'éventuels complices, étant toujours envisageable dans l'esprit de la maréchaussée. Mais lorsque tout est terminé ? Quel intérêt trouve-t-on à tout dissimuler de la sorte, à m'humilier avec un parloir vide ?

Une autre fois, c'était un mardi, j'avais vu Philippe à Gradignan, près de Bordeaux. Je devais redescendre le jeudi et j'en avais profité pour prendre une semaine de congés dans la région en réservant une location. J'avais pris des billets non modifiables, non remboursables afin de profiter du tarif le moins cher. Dans la nuit précédant mon départ, le téléphone a sonné. C'était la compagne d'un co-détenu de Philippe : « Inutile de descendre, votre mari est parti cette nuit. » Mes billets, à la poubelle ! Ma location, perdue ! Le matin, j'ai appelé la prison. Réponse sans appel : « Depuis le temps, vous devriez être habituée, non ? » Non !

Contre la loi du plus fort, celle de l'administration censée organiser la vie de ceux qui sont en mauvais termes avec la société, j'ai toujours tout à perdre. Pour eux, je suis dans l'autre camp, celui de la crapule. Pour eux, si je suis révoltée contre les abominations engendrées par notre système carcéral, c'est que je suis sa complice, une épouse certes, mais surtout une femme suspecte associée de cœur à un malfaiteur. Alors, on peut bien disposer de mon temps.

Impression numéro 5

L'absence, elle, commence avec mon café, le matin dans la cuisine. Ensuite, chaque instant de ma vie se construit avec cette immense solitude. Le quotidien se remplit de ses vides. J'achète à manger pour moi seule, je suis en terrasse seule, je suis invitée seule à dîner. Seule comme lorsque je vais aux parloirs. Paradoxalement, je suis toujours accompagnée car il n'y a pas une seconde où Philippe n'occupe pas mes pensées. Et il y a des preuves presque physiques, quotidiennes de ces projections de l'âme : ces lettres, ce linge lavé et repassé, ces mandats... qui ne peuvent venir que de moi. Chaque jour, je cherche en moi quelque chose qui me dise que oui tout ça va un jour s'arrêter, que ce calvaire n'est pas éternel, que la liberté existe pour nous aussi, qu'elle a déjà existé même, un peu. Pourtant, j'ai le sentiment que plus personne ne se rappelle ces périodes. Trop courtes, trop rares.

Je me prive de manger certaines choses. Par honte. Parce que Phil n'y a pas droit. J'ai trop l'impression de prendre un plaisir qui lui est interdit. Je picore mon existence, sinon je culpabilise. Je me retiens sur tout. Sauf avec les enfants. Avec eux, oui, c'est vrai, je m'autorise à profiter.

Période de doute. Je crise. Je suis à bout. J'ai envie de tout plaquer, de retrouver une petite vie bien tranquille, bien conforme, bien bourgeoise. Je suis comme essoufflée, épuisée. Voilà trente ans que ça dure ! Trente ans à attendre, trente ans d'une relation amoureuse en accordéon avec des états de manque, de l'absence et trop peu d'euphorie. Passer sa vie à attendre, à l'attendre, à accompagner un homme comme on accompagne un grand malade en l'épargnant de tout pour éviter de le détruire complètement. Trente ans à côtoyer des gens qu'on ne supporte plus, les matons, les flics, la plupart des autres « femmes de ». Trente ans de rendez-vous avec la mort lente. Trente ans à être envahie par ses prisons, par son identité de taulard, malgré tout. Trente ans à ne plus être tout à fait une femme, mais seulement une femme de détenu. Fin de la crise. Nous sommes indissociables. J'ai tellement besoin de lui aussi.

Il m'est arrivé de ne pouvoir cacher ces états d'écœurement à Phil lors de parloirs. Rarement. Je lui ai lancé mi-éplorée mi-énervée : « C'est peut-être la dernière fois que tu me vois ! Je n'en peux plus ». Je n'en pensais déjà plus un mot. Je voulais seulement lui faire entendre plus fort ma souffrance, lui crier à quel point cette vie par contumace me lamine, ouvrir un peu les vannes même si, à l'intérieur d'un parloir, le flot est toujours un peu retenu. Et puis je me ressaisis, toujours. Je ne peux pas m'écrouler. Je dois tenir bon parce que lui ne lâche jamais, qu'il est aussi ma source de vie. Philippe ne dit jamais rien pendant mes périodes de « crise ». Il sait.

IMPRESSION NUMÉRO 6

Le parloir est aussi un lieu et un temps de transmission pour les denrées, les vêtements, les livres, etc. Officiellement, on ne peut rien donner directement au prisonnier. Tout doit transiter par les matons, à l'entrée de la prison. Une fois qu'ils ont épluché le contenu d'un colis, qu'ils ont vérifié que chaque chose déposée était conforme au règlement, ils le transmettent aux détenus. Cela concerne notamment les vêtements puisque l'administration pénitentiaire ne s'occupe en la matière que du strict minimum. Mais attention ! Vous ne pouvez pas déposer n'importe quel habit et accessoire vestimentaire. Les lacets, ceintures, cravates sont strictement interdits. Pour limiter les possibilités de suicide ou d'agression. À chacune de mes visites, je viens avec un sac de linge propre et/ou neuf; Phil éprouve le besoin de se changer très souvent, pour chasser le plus possible les relents de sa détention. Un surveillant me le prend tandis que je me rends dans la salle d'attente. À son retour du parloir, Philippe le trouvera dans sa cellule. De son côté, lui, dépose son linge sale devant la porte du parloir, côté détention. Un maton le ramasse et me le remet au moment où je quitte la prison. Rien de bien compliqué... Normalement. Car ici et tel jour, j'ai le droit d'apporter cinq chemises, le lendemain ou ailleurs seulement trois. Pourquoi ? « Parce que c'est comme ça ». Une semaine, il est possible de déposer des vêtements de couleur bleue, la suivante, on tombe sur un maton qui trouve qu'il y a trop de bleu. Ou que le bleu est trop foncé. Ou trop clair, qu'il ressemble trop à celui de leurs chemises d'uniforme. Et qui refuse de les prendre. Règlement intérieur ? pas vraiment. Une autre fois, ce sera le vert qui sera mal vu... Une couleur qui porte malheur dans le monde du spectacle. La prison comme un immense music-hall ? J'en doute. Après les chemises ou les pantalons, ce sont les chaussures qui posent problème, ne sont pas conformes, pas autorisées. Ainsi, Philippe a souvent besoin de baskets, car ce sont les chaussures les mieux adaptées au monde carcéral, les plus pratiques à mettre et enlever, les plus confortables, les plus appropriées à la promenade ou pour tourner en rond dans sa cage. Et bien, si à Fleury-Mérogis je ne peux lui offrir qu'une seule paire, ailleurs ça peut monter à deux voire trois. À Fresnes, c'est zéro : Phil doit les acheter à l'intérieur, les « cantiner », au double du prix pratiqué dans n'importe quel magasin de sport. Pourquoi ? « Parce que c'est comme ça »...

« Vous pouvez vous faire apporter des livres à couverture souple (type livre de poche) par un visiteur, après autorisation, indique le *Guide du détenu arrivant*. Le règlement intérieur d'un établissement précise le nombre de livres autorisés. Les livres reliés sont interdits. » Dans une reliure, on peut en effet dissimuler des lames de rasoir ou de scie, de la drogue, des puces de téléphone portable... Lors de ma dernière visite, j'ai apporté quatre livres à Philippe. De l'informatique, en reliure souple.

« Vous ne pouvez pas apporter ni conserver aucun objet, lettre, papier sur vous à l'occasion du parloir. De même, vos visiteurs devront déposer tout sac ou objet dans un casier à l'entrée du parloir. Vous ne pouvez pas recevoir du tabac, des friandises, des boissons, ni aucun produit alimentaire.

Vous ne pouvez pas vous faire apporter des revues, magazines ou tout autre document... Tout objet échangé au parloir autorise le surveillant à suspendre le parloir jusqu'à décision de l'autorité compétente. »

Ces règles pures et dures s'appliquent dans les maisons d'arrêt avec quelques petits accommodements : le visiteur peut conserver ses cigarettes, un briquet, des bonbons. Qu'il devra montrer à la sortie. Il peut aussi apporter une bouteille d'eau, entière et non ouverte pour prouver qu'elle n'est pas remplie avec de l'alcool. En période de Noël, un gardien m'a suggéré de changer mon jour de visite pour une date où il serait de service. Ce qui m'a permis de faire parvenir à Philippe un colis de Noël de huit kilos au lieu des cinq autorisés. Plus une poupée Barbie à la fille de cet « ange » gardien. Les petits cadeaux aux matons ne sont pas inscrits au règlement, ils pacifient pourtant un peu les rapports. Mais, je m'égare, la corruption n'existe pas dans les prisons.

En centrale, on peut passer des choses, à manger surtout, plus facilement. La fouille se pratique comme dans les aéroports, avec passage sous un portique de détection. Si vous ne sonnez pas, vous pouvez entrer avec tout ce que vous transportez de manière discrète. C'est la grande foire à la débrouille. À ce jeu de cache-cache, les filles disons enveloppées sont nettement avantagées. Pour moi qui suis mince et souvent habillée près du corps, c'est plus compliqué. Il y a quelques années, j'avais trafiqué un manteau trop grand et informe : à l'intérieur, une doublure avec des grandes poches secrètes. La première fois que je l'ai porté, c'était tellement inhabituel que le maton, qui commençait à me connaître, m'a regardée d'un air soupçonneux. Comme je ne sonnais pas, il n'a pas réagi. Ensuite, il prit l'habitude de me voir accoutrée de la sorte. Ainsi, malgré l'interdiction formelle, je ne me suis pas privée d'apporter des douceurs à Phil : salade de crabe, steaks tartares, parts de gâteaux « maison », fruits exotiques... Des produits frais et froids, préparés par moi, et soigneusement enveloppé dans du film plastique – surtout pas de papier métallique sinon c'est la sonnerie ! Le jour de son anniversaire, j'ai apporté du champagne avec des verres en plastique. J'ai fait sauter le bouchon sur le parking et enveloppé le goulot toujours dans du papier film. On s'est fait la bouteille à deux. Le soir, Philippe était un peu pompette, il a perdu l'habitude de boire. Pour les restes de nos festins, je n'avais aucun souci : en quittant le parloir, seul le détenu est fouillé. Le visiteur, lui, ressort sans aucune formalité.

Phil me répète souvent que tous les produits que je lui apporte de l'extérieur ont un goût différent, une autre saveur. Le parfum de l'autre monde.

Impression numéro 7

Un jour, j'ai lancé à un directeur de prison : « Ils sont condamnés à dix ans, vingt ans ou perpète, pas à la castration chimique ! » Les relations sexuelles en prison sont un sujet hautement tabou. Comme si avec l'enfermement, les pulsions, la libido et les fantasmes disparaissaient automatiquement. Le sujet a déjà fait couler beaucoup d'encre, et souvent de manière plutôt *trash*. Officiellement, la question n'existe pas, comme si nier une réalité permettait de l'effacer. Pire, l'administration pénitentiaire envisage les relations sexuelles surtout pour les sanctionner : « Constitue une faute disciplinaire du deuxième degré le fait pour un détenu [...] d'imposer à la vue d'autrui des actes obscènes ou susceptibles d'offenser la pudeur ». « Autrui » étant, en l'occurrence, le maton qui, éventuellement après avoir maté des ébats, colle un rapport à l'« exhibitionniste » pris en flagrant délit. Le catalogue des actes obscènes ou susceptibles d'offenser la pudeur est suffisamment large et flou pour ouvrir la porte à la tyrannie la plus absolue. Philippe a été condamné à quarante-cinq jours de mitard, le maximum, parce que j'étais assise sur ses genoux. Dans une tenue et une position on ne peut plus correctes. Ainsi, même pratiqué en toute discrétion, tout ce qui se rapproche de près ou de loin à une relation sexuelle est strictement interdit derrière les barreaux.

Ce constat m'amène à poser deux questions. Premièrement : pourquoi, au moment de son incarcération, le détenu reçoit-il, dans son paquetage – du linge, une serviette, un savon –, un préservatif ? Et on lui précise que, s'il en veut d'autres, il peut les demander. Deuxièmement : à quoi peut servir tout ce latex ? À jouer au ballon de baudruche dans sa cellule ? Je plaisante, naturellement.

Que les autorités le veuillent ou non, les relations sexuelles existent dans le milieu carcéral. Et tous ceux qui connaissent un peu cet univers en ont parfaitement conscience : « Lorsqu'on entre en prison, on ne laisse pas sa sexualité à la porte de la prison », écrit le docteur Véronique Vasseur, médecin chef à la Santé pendant des années et auteur d'un best-seller qui a fait beaucoup de bruit[4].

D'ailleurs, cette fameuse distribution de préservatifs a été rendue obligatoire par un texte officiel[5]. Lequel texte ne néglige aucun détail : ils doivent être mis, gratuitement et en libre accès, avec du lubrifiant et un mode d'emploi, à la disposition des détenus, ceux-ci devant pouvoir les conserver sur eux ou dans leur cellule. En clair : c'est interdit, on nie la question mais, au cas où, l'administration préfère adopter le principe de précaution (si « ça » arrive, évitons les risques de transmission de MST et… de procès éventuels pour « complicité d'empoisonnement » voire « mise en danger de la vie d'autrui » – « autrui » n'étant pas le maton dans ce cas-là mais bien un détenu). En résumé : surtout pas de sexe… mais surtout, protégez-vous !

Dans ce royaume de l'hypocrisie et du déni, on suppose que les détenus sont susceptibles d'entretenir des relations charnelles entre eux, et donc homosexuelles.

---

4. *Médecin chef à la prison de la Santé*, le cherche midi éditeur, 2001.
5. Circulaire 739DGS/DH/DAP du 5 décembre 1996 relative à la lutte contre l'infection par le VIH.

En revanche, il est intolérable pour l'administration que ceux-ci puissent avoir des rapports hétérosexuels avec des visiteuses (ou des visiteurs dans les prisons pour femmes). En effet, dans les parloirs, il est, en théorie, impossible d'envisager le moindre rapprochement des corps car, dans ces moments placés sous haute surveillance, le sens du terme « intimité » est probablement encore plus réduit qu'en cellule...

Au-delà de la crainte de se faire prendre avec pour conséquence le mitard pour lui et la privation de permis pour moi, presque tout annihile le désir dans cet univers macabre : la promiscuité avec les autres, la lumière blafarde, les bruits glaçants, l'odeur, les hommes en bleu, les murs. C'est une sexualité combinarde, vite fait, petite, poussive et triste en définitive. Où pourrait se nicher l'excitation dans un tel endroit ? C'est plus un petit « coup » un peu honteux et très frustrant qu'un échange sensuel. On s'embrasse en douce, nos mains se baladent discrètement, on esquisse parfois des gestes plus osés. Avec la peur au ventre, celle de se faire coincer puis punir. Un peu comme des adolescents angoissés et maladroits. D'une façon plus générale, il y a quelque chose de très enfantin dans nos rapports affectifs. Et je crois que pour tous les couples, c'est la même chose.

Lorsque Philippe est en maison centrale, les conditions, l'ambiance pourrait-on dire, nous permettent un peu plus de fantaisie. Même si, là encore, officiellement, le sexe est banni. À Saint-Maur, par exemple, le parloir se composait de trois salles de huit boxes. Le premier arrivé étant le premier servi, il fallait se débrouiller pour avoir le meilleur emplacement, celui du fond, loin de la porte. Dans cet endroit, on pouvait espérer ne pas être dérangés par les enfants qui monopolisent, pour jouer, la quasi-totalité de l'espace disponible, ou bien par ceux qui se rendent aux toilettes. Ces trois boxes surnommés « les chambres » étaient souvent occupés par les « anciens ». Comme Philippe, qui s'arrangeait pour toujours avoir une connaissance qui lui réserve sa place. Ces cases étroites, séparées par de fines cloisons, parfois équipées de rideaux étaient meublées avec une table et quatre chaises. Sans lit ni divan. Depuis 1988, l'administration semble un peu mieux tolérer les « parloirs sexuels ». Mieux depuis environ deux ans, ils ont aménagé des « salons familiaux », en fait des mini-cellules avec un canapé (pas convertible !) et une petite table ronde. Surtout, il y a une porte et, normalement, personne ne vous dérange.

Sans entrer dans les détails, je peux dire que toutes les femmes et compagnes de détenus mettent au point leur stratégie personnelle pour « faciliter » le passage à l'acte. On voit par exemple des filles arriver avec des oreillers cachés sous des manteaux. Même en plein été. Du moment qu'elles ne sonnent pas, ça passe. Quand elles entrent, on a l'impression qu'elles pèsent cent kilos, et lorsqu'elles ressortent, l'oreiller à la main, elles ont littéralement fondu. Moi, lorsque j'arrive au parloir avec une jupe, Philippe comprend le signal : je ne suis pas forcément contre un gros câlin. « Ah ! C'est le bon jour ! », s'amuse alors Philippe. Mon mari ne me réclame jamais rien. Lorsque les parloirs durent plus longtemps, il nous arrive souvent d'avoir l'idée, d'esquisser quelques petits préliminaires puis de renoncer, comme subitement anesthésiés l'un et l'autre.

En choisissant d'aimer un détenu, j'ai dû renoncer à la chair, je suis la femme dévouée d'un homme qui porte une croix de lourdes souffrances depuis trente ans, j'accompagne un grand blessé de la société comme une infirmière dévouée, comme une nonne à qui il est interdit d'avoir la moindre pensée sensuelle.

Tiens, à propos de nonne, pour en finir avec ces histoires de sexualité, ou plutôt d'abstinence, l'une de mes « sœurs de visite » qui m'a le plus époustouflée en matière de « performances », si tant est que ce mot ait une signification en cage, était justement une religieuse. Vêtue du strict habit de son ordre, un ensemble gris, un voile, une petite croix, elle venait régulièrement s'entretenir avec un détenu le dimanche. Et systématiquement, ils prenaient du bon temps. Chuchotements, frottements, petits cris... C'était surréaliste. Une sorte de miracle, l'amour du prochain en version X.

Impression numéro 8

Nos « bons moments », nos mots d'amour ne me font jamais oublier que Philippe est en prison. Pour plusieurs années encore. Et si je fais le maximum pour essayer d'adoucir son calvaire, il n'empêche que, le soir, après mon départ, il reste bouclé à double tour. Les premières fois, lorsqu'il m'expliquait qu'il allait se débrouiller pour ne faire que dix ou quinze ans, je lui ai fait confiance. J'ai regardé derrière le bout du tunnel. Je me suis projetée dans l'après en guise d'espoir, de moteur aussi. Une quinzaine d'années, je me disais que ce n'était finalement pas si long, qu'il nous resterait assez pour vivre de belles années ensemble, pour de bon. Je rêvais plus haut que l'espoir. Mon désir était situé à un milliard d'années-lumière de la triste et impitoyable réalité.

Chaque semaine, chaque jour, chaque seconde est peu à peu devenue plus lourde, plus étouffante. Sans cesse, j'ai dû remonter du fond des abysses pour puiser en moi les ressources nécessaires afin de porter Philippe au-delà du gouffre, mille fois il m'a fallu rallumer cette petite flamme appelée passion, amour. Le vent glacial et régulier qui souffle depuis ses geôles s'ingénue à vouloir anéantir l'espérance. Un souffle mortifère alimenté par des années de manque, d'embûches, de minuscules tracas, d'immenses découragements.

La prison est un enfer, un monstre qui dévore ses enfants, ceux dont la société ne veut plus entendre parler, ceux qui essaient de leur tenir la main. C'est une expérience qui abîme l'individu. S'engager aux côtés d'un détenu, c'est accepter une forme de chaos mental en permanence. J'ai beau essayer de me dire que j'aide Phil à se reconstruire, derrière les grilles, on saccage. On ne réhabilite rien en prison. Il serait peut-être temps que nos gouvernants s'en rendent compte. Les quelques miraculés médiatiques, écrivains vedettes ou bons samaritains exhibés par les médias comme de superbes rescapés du vice n'y changent rien. La réalité est impitoyable : la prison hante à vie ceux qui y croupissent des années durant. Devenus au mieux des loups-garous, au pire des zombis, elle conditionne leur quotidien. Et aussi celui de celles et ceux qui comme moi les accompagnent.

Parfois, je me sens devenir fantôme à moi-même. Mon identité se dissout. Je deviens une carte avec un nom, le mien, un matricule, le sien, un autre nom, celui d'un juge, une photo d'identité, la mienne, une agrafe, des tampons, d'autres tampons. Je suis permis de visite. Philippe a lui aussi son étiquette : DPS.

IMPRESSION NUMÉRO 9

Autrefois, on marquait les prisonniers au fer rouge. Les temps ayant changé, aujourd'hui un coup de tampon suffit. Du premier jour où il est entré en prison, Philippe s'est retrouvé estampillé DPS (Détenu particulièrement signalé), une étiquette qui ne l'a plus quitté depuis. Quelques semaines à peine après son arrestation et avant même d'être jugé, il a eu droit au régime le plus dur : le placement en QHS (Quartier de haute sécurité). Que l'appellation varie en fonction des établissements – QSR (Quartier de sécurité renforcée) ou QPGS (Quartier de plus grande sécurité) – importe peu, le résultat est le même : une mort lente programmée.

Les QHS ont disparu grâce à Mitterrand. Grande victoire ! Mais... ils ont été remplacés par les QI, les Quartiers d'isolement. Qu'est-ce qui a changé ? Rien ! Même régime, même brimades, mêmes humiliations. Le placement dans ces quartiers obéit à des règles strictes... rarement respectées : seuls doivent y être incarcérés des détenus dangereux, ou agressifs, ou mettant la pagaille dans la prison. En réalité, les deux seuls critères sont : la tête du client et le bon vouloir du directeur de l'établissement...

Dangereux, agressif et pagailleur, on a sûrement collé les trois qualificatifs à la fois à Phil. Parce que, dans cet univers où tout est programmé, où il faut chaque fois demander la permission, il n'a jamais accepté d'être réduit au rang de cloporte.

C'est un principe chez lui : refuser tout ce qui est humiliant.

Cette forme de rébellion serait d'ailleurs plutôt une qualité si j'en crois un aumônier qui disait que « les personnels de la pénitentiaire savent bien que les détenus trop dociles, trop conformes au moule, ne sont pas ceux qui ont le plus de chances de retrouver leurs marques dehors ».

Le régime d'isolement, sur trente années de détention, Philippe y a eu droit pendant vingt ans.

Il en est sorti au début de l'année 2007. Grâce au directeur de Fresnes qu'il avait connu à Clairvaux.

L'administration a beau dire que la mise à l'isolement n'est pas sanction, on réduit l'homme au rang d'animal, on le condamne à une sorte de mort lente. Que penser en effet d'une mesure imposée qui empêche quelqu'un de voir les autres prisonniers ? Qui le prive d'activités, de sport, de bibliothèque ? Qui lui interdit de travailler, donc de gagner un peu d'argent ? Il s'agit de le déstabiliser, de le couper des réalités, de le déconnecter, il faut le casser psychologiquement, le réduire à un numéro d'écrou. Un numéro qui n'a le droit à rien, ni à la pudeur ni à l'intimité puisqu'il est surveillé en permanence à travers l'œilleton. Et ensuite, après avoir subi une telle déshumanisation, lorsqu'il sort de prison, on lui demande de revenir à la vie réelle, de se réinsérer. C'est invraisemblable ! Son isolement a fait vieillir Phil prématurément tout en le maintenant dans une certaine immaturité.

Une mesure de placement à l'isolement doit être motivée, paraît-il. Et sa durée ne peut dépasser un an que très exceptionnellement. Et le détenu a aussi le droit de la contester, pour excès de pouvoir. Mais, les lois qui régissent les prisons sont réservées à ceux qui peuvent les lire à l'extérieur de l'établissement.

À part le fait d'être seul en cellule – ce qui peut avoir des avantages – et les fouilles systématiques, humiliantes, parfois en position « WC toussé » ou accroupi, pour un oui pour un non, un DPS n'est pas normalement autorisé à se déplacer seul. Dès qu'il quitte sa cellule, il est escorté par des matons. Il a interdiction de communiquer avec d'autres DPS. En outre, on le transfère plus que les autres, tous les deux ou trois mois à peu près, pour éviter les révoltes ou les évasions. C'est d'ailleurs le grand prétexte de l'administration pénitentiaire pour balluchonner quelqu'un : suspicion d'évasion. Philippe en a « bénéficié » trois fois. En ajoutant, pour faire bonne mesure, la mention : « avec explosifs ». Sortis d'où ? Cela lui a valu de se faire coller au mitard, en arrivant à Fresnes, sa nouvelle prison. Avant de recevoir des excuses quinze jours plus tard.

Je vous livre pratiquement *in extenso* un rapport tout ce qu'il y a de plus officiel intitulé « Informations éducatives », et rédigé par une certaine madame Mauduit, l'éducatrice que Philippe a rencontrée, quelques jours après ce transfert « explosif ».

« M. El Shennawy se présente à l'entretien avec aisance, décontraction, curieux de ce qu'on va lui demander.

Tout d'abord, il se demande ce qu'il fait ici. Étant affecté à Saint-Maur, il a littéralement été expédié un jour à Fresnes, sans autre forme de procès.

De deux choses l'une : ou bien la mesure est disciplinaire et ce dont on l'accuse repose sur un fondement, à savoir l'introduction d'explosifs en détention. Dans ce cas, ce n'est pas à Fresnes, et encore moins au CNO[6] qu'il aurait dû échouer. Ou bien, deuxième hypothèse, il s'agit d'une mesure préventive suite à la dénonciation d'un co-détenu qui, bien sûr, tire un certain avantage de la situation, qui est en quelque sorte récompensé pour ses bons et loyaux services. Cette dénonciation concernant El Shennawy et non pas Dupont, du simple fait de l'image de marque de l'intéressé, trouve tout son poids et surtout crédit aux yeux de l'administration pénitentiaire.

Certes, El Shennawy est tout à fait à la hauteur de ce qu'on peut lui reprocher mais je trouve tout de même la procédure un peu arbitraire… ou bien il s'agit d'un encouragement à la délation.

Le fait qu'il se retrouve au CNO permet de concilier l'inconciliable : une accusation très grave. »

6. Centre national d'orientation. Voir le chapitre consacré aux différentes appellations des prisons, p. 241.

Voilà donc un employé de l'administration qui reconnaît officiellement que l'accusation est farfelue et que le motif du transfert est loin d'être clair. Pourtant, Philippe n'a eu droit qu'à de maigres excuses. Dans n'importe quelle société civilisée, une pareille mésaventure se serait terminée au tribunal avec dommages et intérêts à la clé. Seulement, dans le cas présent, il s'agit d'un « sous-homme ». Et un sous-homme n'a pas le droit de se plaindre.

Lorsqu'on est DPS, on a également droit à un régime de faveur pour ses déplacements à l'extérieur de la prison : menottes, bien sûr, mais en plus entraves aux chevilles. Philippe a connu une juge d'instruction qui voulait l'interroger enchaîné. Il a fallu que son avocat lui rappelle vertement quelques principes de base concernant le respect de la dignité inhérent à la personne humaine pour qu'elle consente à lui faire retirer toute sa ferraille.

Lorsqu'on sait que le quartier d'isolement se trouve à côté du mitard, le quartier disciplinaire, on imagine le calvaire. Le « confort », naturellement, dépend de l'établissement. Mais généralement, il se limite à un lit et une table fixés au sol, un tabouret, quelques étagères, et la cuvette des toilettes séparée par un petit muret et parfaitement visible par l'œilleton de la porte. Cet œilleton qui vous enlève la dernière parcelle d'intimité.

L'isolé a droit aux journaux, à la radio, à la télé, au parloir, à la cantine, au courrier. Il a droit à la promenade – seul – dans une minuscule cour quand ce n'est pas dans la cellule voisine. Il a parfois la possibilité de faire du sport – toujours seul – dans une cellule aménagée spécialement. En revanche, à part les gardiens et l'aumônier, il ne voit ni ne rencontre strictement personne. Seul, seul à tous les niveaux, physique, moral, intellectuel... il se retrouve seul avec lui. Quand il bouge, on enferme tout le monde. Et chacun de ses déplacements fait l'objet d'une fouille au corps, nu, au début et à la fin.

« Être isolé, c'est n'avoir personne à regarder et personne qui vous regarde, écrit le docteur Dominique Foucher qui a été médecin à Fresnes. C'est n'avoir plus personne à toucher... c'est n'avoir plus personne à qui parler... c'est perdre la notion du temps... c'est perdre son autonomie... » Ce régime d'exception a véritablement failli rendre fou Phil. Il entendait des voix qui le menaçaient, il ne voulait plus manger, persuadé qu'on voulait l'empoisonner... Un délire paranoïaque alimenté par les conditions de son isolement, qui lui a valu d'être transféré dans un établissement psychiatrique.

Quelle est la différence entre l'isolement et le mitard ? Celle qui existe entre le pire et le « plus que pire » ! D'abord, le malheureux y est conduit enchaîné. Ensuite, tout ce à quoi le détenu isolé avait encore droit est supprimé ! Hormis une heure de promenade, plus de radio, plus de télé, plus de cantine, sauf pour les produits de toilette. Plus de parloir non plus, excepté celui avec son avocat. Éventuellement, s'il est bien disposé, le maton distribue le courrier. L'ameublement de la cellule se compose d'une table et d'un tabouret scellé, et les toilettes sont généralement un simple trou. Le détenu n'a que trois possibilités : lire, écrire et fumer. Pour la nuit, le puni reçoit une paillasse épaisse de cinq centimètres qu'on lui balance sur le sol en béton à 18 heures et qu'on lui reprend le lendemain matin à 7 heures. Et ce régime peut durer quarante-cinq jours.

Pour tomber au mitard, cette véritable zone de non-droit où même les médecins ont du mal à entrer, il suffit du rapport d'un surveillant.

Le mitard, Philippe l'a connu plus qu'à son tour... La dernière fois, c'était à Avignon, pour le procès de son évasion. Il était en détention « normale » à Fresnes et quand il est arrivé au Pontet, on a voulu le mettre à l'isolement. Quand il a compris, il a jeté son paquetage et est parti directement au mitard : « Puisque c'est ça, votre procès, je n'irai pas ! » Il est passé au prétoire pour désobéissance quatre jours plus tard et il a pris dix jours – les quatre jours précédents ne comptant pas, puisqu'il les avait faits volontairement. Lorsque les gendarmes sont venus le récupérer pour l'amener au palais de justice, il a refusé de sortir de ce trou. La présidente de la Cour d'assises a dû se déplacer pour lui demander des explications. Lorsqu'elle a su ce qui se passait, elle a téléphoné au directeur de la maison d'arrêt et exigé que Phil réintègre la détention normale. L'audience a pu commencer. À 17 heures !

Depuis 1975, Philippe a passé une vingtaine d'années en QHS et autre quartier d'isolement. Mais ces vingt ans, il ne les a pas faits en continu. De temps en temps, on le remettait en détention normale avant de le faire replonger un peu plus tard. Je me suis souvent demandé pourquoi, je n'ai pas trouvé de réponse. Philippe ne sait pas non plus.

Les voix de l'enfermement sont décidément impénétrables.

Impression numéro 10

Les « autres », « eux », les « bleus », les « surveillants », les « matons ». Entre « eux » et moi, il y a forcément une sorte d'animosité. Nous ne sommes pas du même côté de la peine et puis, objectivement, on ne peut pas dire que la majorité d'entre eux soit sympathique, je les trouve plutôt désobligeants, agressifs, supérieurs. J'éprouve souvent un sentiment d'humiliation face aux matons. Mais je n'ai pas de haine, parfois du mépris.

Parfois, pour me sentir plus forte face à eux, je me dis que leur vie est bien pire que la mienne et même que celle des détenus. La prison, eux, ils vont la vivre jusqu'à la retraite. Ce sont des types qui ont choisi de rester enfermés pendant toute leur vie. C'est fou.

Je ne les plains pas évidemment. Mais je trouve ça effrayant. S'enfermer en cage par goût de l'ordre et de la punition !

PRISONS : DES APPELLATIONS CONTRÔLÉES

La France s'enorgueillit, si je puis dire, de posséder 188 établissements pénitentiaires. Pour le commun des mortels, il ne s'agit ni plus moins que de 188 prisons.

C'est à la fois vrai et faux.

Vrai parce que modernes ou vétustes, installées au milieu de rien ou au cœur d'une ville, ces constructions ont pour seules et uniques fonctions de punir des individus, considérés coupables ou en attente de l'être. Partout des grilles, des barreaux, des serrures, des surveillants... Néanmoins, il y a des différences, des subtilités de statut entre les divers établissements. Certes, elles ne sautent pas aux yeux mais elles existent, reposant en grande partie sur la

« nature », ou plus exactement la catégorie de détenus qui sont censés y « résider ».

En clair, il existe deux grandes catégories de prisons, d'une part, les maisons d'arrêts, les plus nombreuses et, d'autre part, les établissements pour peines qui sont eux-mêmes divisés en maisons centrales, centres de détention, centres pénitentiaires ou encore centres de semi-liberté. Pour simplifier cette organisation, la Chancellerie a eu la bonne idée de faire cohabiter deux systèmes dans un seul établissement.

Les maisons d'arrêt, comme Fresnes ou Fleury-Mérogis par exemple, doivent normalement accueillir les prévenus, c'est-à-dire ceux qui n'ont pas encore été jugés, les « provisoires ». Ceux-là, dit la loi, sont obligatoirement incarcérés dans la maison d'arrêt de la ville où ils seront jugés. Voir ! Philippe, qui attend de passer devant la Cour d'appel de Nîmes pour son évasion de l'UMD de Montfavet et devant la Cour d'assises de Pau pour un braquage dans cette ville, est resté enfermé à Fresnes jusqu'en décembre 2007. Ces maisons d'arrêt peuvent également recevoir, mais de manière exceptionnelle, les délinquants condamnés à un an au maximum ou ceux auxquels il ne reste pas plus d'un an à purger après leur condamnation définitive. Le côté exceptionnel est devenu la règle et il est fréquent de voir en maisons d'arrêt des condamnés à des peines bien supérieures à un an. Normalement, ces derniers devraient être séparés des prévenus. Normalement. Au final, ces établissements sont les plus surchargés et les conditions y sont les plus souvent exécrables.

Les centres de détention, comme Bapaume ou Châteauroux, accueillent, eux, les condamnés à plus d'un an mais dont l'administration pénitentiaire juge qu'ils présentent les meilleures perspectives de réinsertion. D'où un régime de détention *a priori* plus « libéral ».

Dans les maisons centrales, qui reçoivent les condamnés les plus difficiles et qui demandent une surveillance renforcée – très longues peines, multi-récidivistes, détenus réputés dangereux –, le régime est essentiellement axé sur la sécurité. Il en existe cinq : Arles, Ensisheim, Poissy, Saint-Martin-de-Ré et Saint-Maur.

Enfin, les centres pénitentiaires comme Clairvaux ou Moulins-Yzeure, sont des établissements mixtes, qui comprennent au moins deux quartiers à régime de détention différent : à Moulins-Yzeure, l'établissement se partage entre centrale et maison d'arrêt, Clairvaux est à la fois centrale et centre de détention.

À cette panoplie, il faut également ajouter le Centre national d'observation (CNO) qui se trouve à Fresnes et par où transitent tous les détenus en attente d'affectation et les centres pour mineurs délinquants, grande cause nationale des derniers gouvernements.

Dans une démocratie moderne, aux pays des droits de l'homme et donc du prisonnier, l'idéal serait « une place pour chaque détenu et chaque détenu à sa place ». Or, derrière les murs d'enceinte, tout le monde est entassé et mélangé. Les courtes peines côtoient les longues, les prévenus partagent parfois leur cellule avec les condamnés. Ce grand brassage des genres permet à l'administration d'appliquer le régime de son établissement exactement comme elle le veut, pour qui elle le veut. Ce qui démultiplie encore les possibilités d'arbitraire. Y compris en matière de droits de visite !

Il existe néanmoins de véritables nuances entre ces différents types d'établissements notamment dans ce que je pourrais qualifier de « qualité de vie ». S'il est dit que les prévenus, dans une maison d'arrêt, doivent être seuls dans leur cellule, dans la mesure où, tant que dure l'enquête, il est parfois utile de les empêcher de communiquer avec d'autres – ce qui amène parfois à restreindre leurs droits de visite –, il en va tout autrement quand il s'agit de condamnés. Une cellule de 9 mètres carrés, prévue pour une personne, peut facilement se transformer en dortoir pour trois, voire quatre. Avec lits superposés, voire simples matelas jetés par terre. Dans les établissements pour peine, la règle reste d'un détenu par cellule. Et elle est globalement respectée.

Dans les centrales et les centres de détention, les portes des cellules s'ouvrent le matin et les détenus ne réintègrent leur cellule que le soir. En maison d'arrêt, ils restent bouclés jour et nuit sauf pour la promenade. Le reste du temps, chacun doit mettre en œuvre ses talents de débrouillardise personnelle s'il veut faire quelques pas à l'extérieur. Demande de douche, de bibliothèque, visite à l'aumônier...

On dit souvent que la liberté n'a pas de prix. Mais tant qu'à être enfermé, Phil préfère être en centre de détention ou en maison centrale. Et si possible à Saint-Maur plutôt qu'à Clairvaux. À l'heure où j'achève cet ouvrage, l'administration pénitentiaire a miraculeusement exaucé son souhait.

De quelques établissements en particulier

En trente ans, Philippe a séjourné dans plus de vingt établissements pénitentiaires. Je ne suis pas allée dans tous. Soit parce que je n'avais pas l'autorisation de le voir, soit parce que, à peine arrivé, il était déjà transféré ailleurs. Par exemple, arrivé à Limoges un 2 décembre pour un procès, il en est reparti le 11 pour Tulle... avant d'être transféré le 13 pour Bois-d'Arcy. J'en ai quand même visité quelques-uns, célèbres ou pas. Il m'a semblé utile de proposer ce tour de France un peu particulier avec un petit commentaire pour chacune des prisons-étapes. Une sorte de guide personnel si vous voulez. Pour certaines, mon passage remonte à plusieurs années. Les locaux et les « conditions d'accueil » ont certainement évolué. En bien ou en mal.

Bapaume (Somme) – centre de détention.

Cette prison se trouve au bout du monde, perdue en pleine campagne, à côté d'une sortie d'autoroute. Si on n'a pas de voiture, il faut prendre le train et ensuite une navette mise en place par une association, les jours de parloir. Je n'y ai jamais ressenti la plus petite once de chaleur humaine.

Les Baumettes (Marseille) – maison d'arrêt, centre de détention et centre pour peines aménagées.

Toute la misère du monde se trouve rassemblée là. C'est sale, ça sent mauvais. On se croirait à la cour des Miracles. Mais, c'est aussi dans cet établissement que le miracle de nos retrouvailles avec Phil a eu lieu, alors...

Bois-d'Arcy (Yvelines) – maison d'arrêt.

L'horreur. Pour moi, Bois-d'Arcy arrive *ex æquo* avec Fleury-Mérogis. Plus glauque, je ne crois pas que cela puisse exister ! Lorsqu'on descend du train à Fontenay-le-Fleury, on se retrouve à un kilomètre de la prison. Un bus vous laisse à l'orée d'un bois qu'il faut traverser, au risque de se faire agresser. Ça m'est arrivé une fois. J'avais un colis à la main, deux jeunes sont sortis des taillis pour me sauter dessus. J'ai lâché le colis et je me suis sauvée à toute allure. Une fois sur place, on vous fait souvent attendre deux voire trois heures. On vous appelle cinq par cinq. Pour un parloir de trente minutes, on y passe l'après-midi entière. Les surveillants sont terribles, ils ne respectent rien et ils ne se gênent pas pour vous le faire savoir. Lorsque Philippe était à Bois-d'Arcy, je sortais chaque fois en larmes. J'ai rarement été aussi mal de devoir le laisser seul.

Clairvaux (Aube) – maison centrale et centre de détention.

À la descente du train, à Bar-sur-Aube, on se trouve tout de suite dans l'ambiance : la gare est à une vingtaine de kilomètres. Il existe en principe des bus, mais tout dépend de l'heure à laquelle vous arrivez. Sinon il faut se rabattre sur un taxi. Qui plus est, comme il faut absolument arriver la veille, les parloirs commençant le matin, c'est hôtel obligatoire. Celui que je fréquentais était – peut-être l'est-il encore – tenu par un ancien gardien. Dans cette région, c'est un véritable sacerdoce, on est maton de père en fils. Un jour que je me plaignais de ne pas avoir d'eau chaude, je me suis vu répondre que les canalisations étaient branchées sur la prison. Info ou intox ? Je n'ai jamais su.

Pour les matons, détenus ou familles, tout le monde est traité à la même enseigne : comme des chiens. Nous sommes des numéros, des matricules. Je me suis souvent demandé s'il y avait une sélection spéciale pour devenir surveillant dans cet établissement. Ce n'est pas possible autrement ! Bref, le degré zéro de l'humanité.

Fleury-Mérogis (Essonne) – maison d'arrêt.

Cette prison est excessivement dure, à la fois pour les détenus mais également pour les visiteurs. Si je devais faire un classement des maisons d'arrêt, elle arriverait lanterne rouge avec Bois-d'Arcy. Chaque fois que je dois y aller, c'est un véritable cauchemar. Il me faut déjà trois heures de trajet aller-retour pour m'y rendre. Une fois sur place, les visiteurs sont appelés par haut-parleur. Les parloirs sont minuscules et, comme à Fresnes, séparés par un muret. J'ai toujours eu l'impression qu'à Fleury on faisait tout pour décourager les familles. Philippe m'a prévenue : si on le renvoie un jour là-bas, il fera ce qu'il faut pour ne pas y rester.

Fresnes (Val-de-Marne) – maison d'arrêt.

Auparavant le temps de parloir était de trente minutes, il est maintenant de quarante-cinq minutes. Cet établissement étant par ailleurs l'école des surveillants, ceux-ci sont particulièrement à cheval sur le règlement. Par exemple, pas question de rentrer une bouteille d'eau, même par 40 degrés, sans certificat médical. Pour le parloir, c'est le minimum : deux tabourets dans un cagibi, avec un muret d'un mètre cinquante de haut pour séparer le détenu de ses visiteurs. Bien sûr, on peut se tenir la main, s'embrasser, mais attention à ne pas en faire trop, les gardiens circulent sans arrêt.

L'accès se fait par RER et par bus, et on vous demande d'arriver à 13 heures. Moyennant quoi, le temps de donner ses papiers, de mettre ses affaires dans le casier, de passer au portique de détection... et d'attendre, on ne voit le détenu qu'à 14 heures. Une fois celui-ci reparti en détention, à 14h45, on vous fait attendre encore entre quinze et trente minutes car il n'est pas question de vous laisser sortir avant que tous les prisonniers soient passés à la fouille. Enfin, comptez encore un bon quart d'heure pour récupérer vos papiers. Le directeur actuel est correct. Et puis avec les DPS, les matons y vont doucement. Ça rattrape.

Gradignan (Gironde) – maison d'arrêt.

Cette prison s'est fait une spécialité de ne jamais prévenir la famille lorsque le détenu est transféré. Et lorsqu'on arrive le matin, avec un rendez-vous en bonne et due forme, c'est pour apprendre qu'il est parti la veille. Sans commentaires !

Nanterre (Hauts-de-Seine) – maison d'arrêt.

Rien à dire ! Les parloirs sont corrects, les surveillants beaucoup plus humains que dans les autres maisons d'arrêt.

Poitiers (Vienne) – maison d'arrêt.

Philippe s'y trouvait à l'isolement. Donc, au

parloir, c'est tout juste si les surveillants ne rentraient pas dans la cabine. Si l'on ajoute à cela les fouilles abusives, on comprendra que j'en garde un très mauvais souvenir.

Le Pontet-Avignon (Vaucluse) – maison d'arrêt et centre de détention.

Comme à Nanterre, rien à dire !

Les parloirs sont propres, corrects, sans séparation.

Rouen (Seine-Maritime) – maison d'arrêt.

Contrairement à d'autres, je n'ai pas eu à m'en plaindre. Bien sûr, la façon dont sont traités les visiteurs dépend beaucoup de l'attitude de « leurs » détenus. Il a ceux qui savent se faire respecter et les autres. Philippe appartient à la première catégorie.

Saint-Maur (Indre) – maison centrale.

C'est ici que j'ai connu mes « meilleurs » moments. J'ai en effet pu y passer des « week-ends » entiers avec mon mari. Dans cette centrale, Philippe est « bien ». Il m'a toujours dit qu'il y avait une certaine ambiance, qu'il y côtoyait plus de types intelligents, plus de voyous à l'ancienne avec une bonne mentalité. L'inconvénient, en revanche, c'est l'éloignement géographique qui entraîne des frais de transport assez élevés et l'obligation de prendre une chambre d'hôtel. Sur place j'ai mes habitudes dans un hôtel avec piscine, bien agréable l'été. Parmi les visiteurs, on pourrait dire qu'il y a un certain standing !

La Santé (Paris) – maison d'arrêt.

Pour moi, c'est la plus facile d'accès puisqu'elle se trouve en plein Paris. Les parloirs y sont un peu plus grands qu'à Fresnes ou qu'à Fleury-Mérogis. Et, s'il n'y a aucune séparation entre le détenu et son visiteur, il faut se méfier des surveillants qui sont particulièrement stricts et à l'affût de tout. Un câlin et c'est l'arrivée immédiate dans la cabine, avec dépôt de rapport et ses conséquences : prétoire, descente au mitard, suppression de parloir, ou parloir hygiaphone.

ÉPILOGUE
Philippe évoque Martine

Je ne sais pas si ma façon d'être et de réagir doit s'apparenter à la formule qu'on a l'habitude d'utiliser : « avoir un moral d'acier ». Pour ma part, je crois que c'est simplement dû à ma nature et à l'éducation que j'ai reçue dès ma plus tendre enfance. Quoi qu'il arrive, en bien ou en mal, je me dois de l'assumer sur un plan strictement personnel.

Si je devais analyser et résumer la chose d'une manière plus simpliste, je dirais que, face à une situation, aussi pénible soit-elle, il n'y a pas d'autre alternative que de faire face. Très franchement, à moins d'avoir un sérieux penchant pour le masochisme, je ne vois pas quel intérêt ou avantage il y aurait à se morfondre. À moins que le fait de transmettre ou de se décharger entièrement d'une douleur sur son entourage ou ses proches apporte un soulagement. En ce qui me concerne, ce n'est pas et ce ne sera jamais ma façon de voir les choses.

Finalement, tout est lié et on en revient, même par des voies détournées, au sujet principal du livre qui est l'amour véritable. Là aussi le sujet est vaste et chacun d'entre nous en a une interprétation qui est à l'aune de sa propre mesure.

Parler de Martine... En parodiant Juliette Gréco, je pourrais dire qu'il n'y a que ça qui m'intéresse. Mais à la vérité, il n'y a que « parler et échanger » avec elle qui m'intéresse. C'est la seule personne avec qui le terme « communiquer » prend véritablement son sens. En toute sincérité, c'est une « sensation » tellement exclusive que tout ce que je pourrais dire ou écrire à ce sujet ne serait qu'un effleurement de la surface apparente des choses.

On pourrait croire qu'il s'agit là d'une sorte d'idéalisation sublimée par et à cause de l'enfermement. Il n'en est rien, bien que ça y participe d'une manière ou d'une autre. Mais dans notre histoire, l'enfermement, comme pas mal d'autres choses, passe à l'arrière-plan.

Jemmapes et la première rencontre... C'est important puisque c'est le commencement de tout.

Pour elle comme pour moi, ces premiers instants demeurent indélébiles. Je me souviens de tout, du premier regard échangé et des banalités qui, dans ces moments, sont de l'ordre de l'anecdote. Je me souviens surtout que, dès le premier instant, j'ai tout de suite su que c'était Elle, même si j'ai mis du temps à l'admettre.

Tout le monde a entendu parler de coups de foudre. Mais pour la plupart des gens, ça reste quelque chose de l'ordre de l'imaginaire car on ne peut réellement savoir ce dont il s'agit que lorsqu'on en a fait personnellement l'expérience. Bien que dans la rencontre avec Martine, ce qui dominait, c'était davantage une sensation de retrouvailles que de première rencontre.

J'avais à l'époque un mode de vie quelque peu… mouvementé, dans tous les sens du terme, et à l'opposé de celui de Martine, qui était, disons-le, du genre bien rangé mais en parfaite harmonie avec la modernité et l'évolution de l'époque.

Même si j'ai toujours eu une grande prédilection pour la gent féminine, mes relations avec les femmes étaient alors du genre « macho, sans être trop beauf ». En dehors du plaisir et du côté ludique de la relation éphémère, je ne partageais rien d'autre avec elles. De plus, je ne voulais surtout pas m'engager dans une relation sérieuse avec les filles que je fréquentais alors. D'ailleurs, avant Martine, ça ne m'était même jamais venu à l'esprit. Ceci explique en partie pourquoi notre relation n'avait fait que démarrer à ce moment-là. Il est certain par contre que, de ce jour, elle n'a plus jamais quitté mon esprit.

Avec Martine, je me suis senti tout de suite, et peut-être pour la première fois, bien à tous les niveaux. Cela n'avait rien à voir avec mon mode de fonctionnement vis-à-vis des autres filles ni de personne d'autre d'ailleurs. Avec Martine, il n'y a jamais eu de rapport de force, bien au contraire : une grande estime et un respect mutuel. De plus, ce qui m'a totalement subjugué, chez elle, c'est son côté absolument naturel en toutes choses, allié paradoxalement à son extrême sophistication féminine. Je crois que ce sont ces deux oppositions ou complémentarités qui la résument le mieux.

J'ai dit précédemment que tout ce que je pourrais dire d'elle ne ferait qu'effleurer la surface d'une réalité que nous sommes seuls à partager. Martine n'est pas uniquement telle que je la vois, car je veux bien concéder que mon opinion comporte une part de subjectivité… Je dirais volontiers que je ne lui connais pas de défauts… Que les défauts que je considérerais comme rédhibitoires chez toute autre femme ne seraient, chez elle, que de petites imperfections que j'aimerais par-dessus tout. D'aucuns croiront que je ne fais que dans le dithyrambe quand il s'agit de Martine. Franchement, ce qu'ils peuvent penser, je m'en moque comme de l'an 40.

Par contre, il m'importe qu'on ne se fasse pas de fausses idées sur elle en se basant sur les stéréotypes usuels et de circonstance. Martine est à l'opposé de la petite midinette écervelée qui se serait amourachée d'un voyou, ou la faible jeune femme qui serait tombée sous le charme d'un bel aventurier – je l'étais, certes, et je le suis encore ! Bien au contraire, elle a toujours eu les pieds sur terre et la tête bien sur les épaules.

Remerciements

À Florence Aubenas, Dominique Simonnot et Patricia Tourancheau pour l'exactitude et la retenue qui les animent à chaque fois qu'elles publient un article sur Philippe.

À Marie Desplechin pour ses mots de soutien.

À *Libération* pour la constance de ses indignations concernant la condition carcérale.

À Laure Bast-Morrand pour ses décisions souvent apaisantes.

À Gaby Mouesca, frère de galère, toujours présent malgré le temps qui passe.

À Madame Benchemoun, sous-directrice à Fresnes qui a tenté de soulager, dans la mesure de ses possibilités, la détention d'un DPS.

À Bruno Hauron, directeur du même établissement qui a fait sortir Philippe de l'isolement, ce régime de détention inhumain qu'il a subi pendant vingt ans.

À Gérard Oriol et Gilles Bouley-Franchitti qui m'ont accompagnée dans la rédaction de cet ouvrage.

Table des matières

Dans la même collection :

Flic - Chroniques de la police ordinaire,
Bénédicte Desforges, mars 2007.

Cet ouvrage a été achevé d'imprimer en janvier 2008
par la Société Nouvelle Firmin-Didot à Mesnil-sur-l'Estrée
pour le compte des Éditions Michalon

Imprimé en France
Dépôt légal : janvier 2008
N° d'édition : 427
N° d'impression : 88418